JN000348

Family Psychology

家族心理学

生涯発達から家族を問う

相良順子 編
Junko Sagara

ナカニシヤ出版

はじめに

　皆さんは,「家族」というと何をイメージしますか。夫婦とその子どもから
成る核家族でしょうか。愛情で結ばれている人間関係でしょうか。また, 夫が
外で働き, 妻は専業主婦として家事や育児をこなすという家庭を思い浮かべた
人もいると思います。こういう家族のイメージは, 戦後の近代家族を表してい
ます。

　第2次世界大戦後, 1947年に日本国憲法が施行され, それまでの伝統的な家
制度は廃止されて, 夫婦家族制となりました。その結果, 結婚は平等な個人の
結びつきを基本とするものになりました。戦後の高度成長時代は, 産業の進行
とともに都市化が進み, 急速に核家族化が進行しました。その中で夫婦とその
子ども二人という構成が私たちの「家族」のイメージとして定着しました。し
かし, 全国の世帯総数の割合（厚生労働省, 2020）をみてみると（図1参照）,
夫婦とその子どもから成る世帯は, 1980年の42.1％をピークに1989年には
39％, 2019年には28％と徐々に減っています。一方, 単独世帯は増加の一途
を辿り, 1989年に20％, 2019年では, 29％です。2019年では, 夫婦のみの家

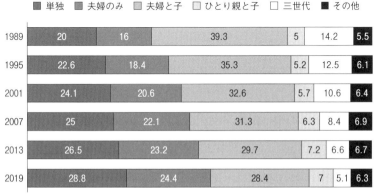

図1　世帯構造の推移（厚生労働省（2020）より作成）

族は 24％で，ちょうど，単独世帯，夫婦のみ，夫婦と子ども世代がほぼ同比率になっているのが現状です。3 世代家族は 10％に満たないほどです。

　このように，家族の構成はずいぶん変化しました。また，共働き世帯の比率は 1990 年代後半から専業主婦の比率を上回り，ますます高くなっています。さらに，近年，LGBT や SOGI という用語が広く人々に知られるようになり，性的指向の多様性が認知されてきました。夫婦も必ずしも異性とは限らず，同性同士の親と養子縁組をした子どもから成る家族もメディアで取り上げられるようになってきました。このように家族の形態は，誰が構成員かも含めて時代とともに変化するものであることがわかります。家族を専門に扱う家族社会学では，今や，家族とはこういうものである，という定義はない（ライカイ，2010）とされています。血縁があろうとなかろうと，個人が，これが家族であるという認識があれば，それが家族だといえることになります。

　しかしながら，私たちの多くが，家族というとなお夫と妻と子どもの構成をイメージするように，家族に求める理想はそれほど変わっていません。また，共働きがどんなに増えても，日本では性別分業の考え方が強く残り，女性がもっぱら家事や育児に責任をもっているのが現状です。このように社会の変化と人々の価値観にはいくらかのずれがあるようです。

　家族の機能については，共働きの増加やサービス産業の発展により，食事や休息だけでなく養育機能や教育力も小さくなり，外部機関への依存はますます高くなっています。家族に残された機能は，精神的な安らぎを得ることが主なこととなっているのかもしれません。家族のメンバーは，基本的に生活をともにすることでお互いに信頼し合える関係になり，精神的なつながりがより強く求められる関係となっているのではないでしょうか。

　このような家族に起こるさまざまな心理的問題が，家族心理学で扱われます。日本における家族の研究は，発達心理学者により 1950 年代に始められました（柏木，2003）。この頃の家族心理学では，家族，特に親が子どもの発達にどういう影響をもたらすかという視点で始まりました。その後，1970 年代になると子どもの臨床的問題などが注目され，臨床心理学から家族問題を扱う研究が増えてきました。家族内で生じる問題の具体的な解決に向けた家族療法も発達してきました。

　家族は複数の構成員から成ります。その意味で家族は1つの集団であり，当然人間関係が発生します。人間関係は時には安心できる休息の場になり，時には葛藤や争いの根源になります。そこに家族特有の問題も生じてきます。具体的には，夫婦関係の問題，親子の問題，ひとり親家庭の問題，障害児を抱える家族の問題，高齢になった親の介護の問題などです。ヤングケアラー，いじめ，DVという世間でよく取り上げられる問題も家族心理学と深く関わっています。このように，家族心理学は，臨床心理学，生涯発達心理学，社会心理学，教育心理学の分野に関連する学際的な領域です。

　本書は，主に発達心理学的観点から家族を取り上げます。

　家族そのものは社会とともに変わっていく中にあって，人の生涯の発達を追いながら，家族の何が重要なのか，家族とのかかわりの中でどのような関係が生じ，また問題が起こりやすいのかについて解説していきます。

　表1は，個人と家族の生涯を，エリクソン（E. H. Erikson）のライフサイクル理論をもとに表し，マクゴールドリック他（McGoldrick et al., 2011）の家族のライフサイクルを対応させたものです。個人のライフサイクルは乳児期から始まりますが，家族のライフサイクルは，成人して育った家庭からの出立から始まります。表1の右段は，家族の中での立場を表しています。結婚するまでは子どもという立場であり，結婚によって新しい家族システムの一員となりやがて親となります。老年期以降は祖父母という立場が加わります。

　エリクソンは，生涯を8つの段階に分け，それぞれに達成するべき課題をもうけています。後にエリクソンの妻ジョアンにより，9段階目が追加されています。課題とは，心理・社会的危機でもあり，達成するかどうかで人格的な成長をとげるかそうでないかの岐路を意味します。エリクソンによる自己の発達である心理・社会的発達段階と個人の発達と家族システムの発達が相互に関係していることがわかります。本書はこれに依って構成されています。

　まず，第1章では乳幼児期と家族，第2章では学童期・青年期と家族，第3章では家族を作る前段階である恋愛，というように成長する個人と家族との関係やその問題をとらえていきます。第4章では成人となり，新しい家族を作っていく時期の心理とそこで起こる問題を取り上げます。母親だけでなく父親という視点も含めます。第5章では，家族を社会とのつながりからとらえ，ワー

表1　個人と家族のライフサイクル（平木 (2015) より一部抜粋改変）

個人のライフサイクル		家族のライフサイクル	
エリクソンのライフサイクルと発達課題		マクゴールドリックらの発達課題	家族内での立場
1　乳児期	基本的信頼対不信		子ども
2　幼児期初期	自律性対恥・疑惑		子ども
3　遊戯期	自律性対罪悪感		子ども
4　学童期	勤勉性対劣等感		子ども
5　青年期	自我同一性の確立対拡散		子ども
6　成人期前期	親密性対孤立	Ⅰ家庭からの出立：自己の情緒的・経済的責任受容	成人した子ども
7　成人期（中年期）	世代性対停滞	Ⅱ結婚/結合による家族形成：新システムへの関与 Ⅲ幼い子どものいる家族：システムの新メンバー受容 Ⅳ青年のいる家族：子どもの自立と祖父母のフレイル^(注)を許容する家族境界の柔軟性 Ⅴ子どもの出立と中年期の継続：システムへの多くの出入りの受容	夫あるいは妻，子どもの親
8　老年期	統合対絶望	Ⅵ中年後期の家族：世代役割移行の受容	夫あるいは妻，成人した子どもの親，祖父母
9　高齢後期	前進対諦め	Ⅶ人生の終末を迎える家族：限界と死の現実の受容と人生の一つのサイクルの完結	夫あるいは妻，中年期の子どもの親 成人した孫の祖父母

（注）p. 113 参照。

ク・ライフ・バランスを考えていきます。第6章では，中年期の夫婦関係を扱い，第7章では老年期の家族を扱います。第8章では障害児と家族を，最後の第9章では，家族療法の理論と実践について解説します。

　私たちは家族の中で生まれ育ちます。子どもの頃は，父親と母親はいつも変わらないような気がしていますが，実は，親も時間とともにどんどん変化し，発達しています。きょうだいも祖父母も同様に発達しています。家族は時間と

ともに変化するシステムであるといえます。成人した子どもからみると，年老いた父親と母親も発達途中の人間です。彼らは子育てによって成長し，また，第2の人生を模索中なのかもしれません。また，祖父，祖母は高齢期に入り，心身の変化や社会的地位の喪失などを受け入れようとしている時期かもしれません。生涯発達心理学を通じて，家族への理解を深め，あらためて家族とは何かを考えてみましょう。

　本書を通じて，皆さんが家族とはどういうものか，生涯発達とどういう関係にあるのかについて理解し，これからの人生の役に立てていただきたいと切に願っております。

執筆者を代表して
相良順子

◎引用文献

平木典子（2015）．心理療法におけるライフ・キャリア開発という視点　伊藤直文（編）心理臨床講義（pp. 49-87）金剛出版

柏木惠子（2003）．家族心理学　東京大学出版会

厚生労働省（2020）．国民生活基礎調査　Retrieved from https://www.mhlw.go.jp/toukei/saikin/hw/k-tyosa/k-tyosa19/index.html（2021年10月26日）

McGoldrick, M., Carter, F., & Garcia-Preto, N. (2011). *The expanded family life cylcle: Individual, family and social perspectives*. Boston, MA: Allyn & Bacon.

ティボル，ライカイ・ジョンボル（2010）．家族の比較文化論　井上眞理子（編）　家族社会学を学ぶ人のために（pp. 51-66）　世界思想社

◎参考文献

中釜洋子・野末武義・布柴靖枝・無藤清子（編）（2019）．家族心理学―家族システムと発達と臨床的援助　第2版　有斐閣

岡堂哲雄（編）（1988）．講座家族心理学6　家族心理学の理論と実際　金子書房

中釜洋子（2003）．家族療法　下山晴彦（編）よくわかる臨床心理学（pp. 148-149）ミネルヴァ書房

目　次

第1章　乳幼児期と家族

　本章では，乳幼児期の発達についてみていきます。乳幼児期の発達と，その発達を取り巻く環境の役割をふまえて，乳幼児とその家族の関係について考えてみましょう。

 ## 子どもの発達のとらえ方

[1] 乳児研究の進展と乳児観の変化

　家族は未熟な子どもを育てることが母親だけでは難しいことから形成されたといわれます。小さく，自分の力では動くことも，しがみつくこともできない未熟な赤ちゃんの姿に，かつて，ヒトは白紙の状態で生まれると考えられていました。20世紀を代表する心理学者であったワトソン（J. B. Watson）は，11ヶ月児を対象とした恐怖の条件づけ実験（Watson & Rayner, 1920）を行い，恐怖のように本能的な情動反応も，環境を操作することで後天的に獲得させることができると主張しました。子どもを「受け身の存在」とみなし，その教育や環境を重視する考え方は，心理学において長く主流であったといえます。

　しかし，1960年頃から言語を用いることのできない乳児に対する研究方法が発展し，乳児が，実は有能な存在であることが明らかになってきました。ファンツ（R. L. Fantz）は，乳児の興味を測定する指標として視線を用いた**選好注視法**を開発し，生後46時間から生後6ヶ月までの乳児を対象とした一連の研究から，乳児は生まれてすぐ，パタンのないものよりも同心円や縞のようなパタンのある図形，そして顔のようなパタンをもつ図形（図1-1）を好むことを明らかにしています（山口，2010）。

　その後，乳児が見慣れた対象よりも新奇な対象を注視する性質を利用した馴

図 1-1　乳児が好む図形（山口，2010）

化・脱馴化法や，乳児が期待と反する不自然な事象を注視する性質を利用した
期待違反法などの研究方法も開発され，乳児は，顔のみならず，自分に向けら
れた視線や表情といった社会的な刺激に敏感であること，さらには，より複雑
で高次な処理が必要であると考えられる社会的認知も，発達早期からその萌芽
がみられることが明らかになってきました。

　例えば，自他の心的状態を推測して，その行動を説明したり予測したりする
力である**心の理論**の獲得を測定する誤信念課題は，一般的には生後4歳半頃に
通過するとされていますが，言語を用いず，視線を指標とすることで生後15
ヶ月児でも通過できる（Onishi & Baillargeon, 2005）ことや，経験や学習の中
で幼児期以降に育まれると考えられてきた道徳性や向社会性についても，現在
では，生後6ヶ月児が正義の味方，つまり，他者から攻撃されている弱者を守
ろうとする第三者に対して選好を示す（Kanakogi et al., 2017）ことが実証研
究で明らかにされています。

　視線のような間接的な指標を用いた乳児研究の解釈は慎重に行われるべきで
すが，こうした乳児研究の進展から，乳児が決して「受け身の存在」ではなく，
生まれながらに社会とつながるための性質を備え，それをベースに社会的な学
習を進めていく「発達の主体」であるということは，今や広く受け入れられる
ようになっています。

[2] 乳児の気質への着目

　乳児は有能であると同時に，個性をもつ存在でもあります。1950 年代，精神科医として多くの子どもの発達をみてきたトマスとチェス（A. Thomas & S. Chess）は，子どもたちの問題行動は必ずしも子どもの育つ環境だけでは説明できないと，子ども自身がもつ特性を調べるために，ニューヨークで長期的な縦断研究を開始しました。結果として，生まれながらに子どもは環境へのかかわり方の特徴，すなわち**気質**を有していることが明らかになったのです（Thomas & Chess, 1980/1981）。

　気質にはさまざまな分類がありますが，トマスとチェスは，表 1-1 のような気質特性の組み合わせから，以下 3 つの特徴的な気質タイプを見出しました。

　まず，扱いやすい（easy）タイプ（出現率 40%）は，周期性が高くて気分は陽性，順応性，接近性が高く，反応の強度が穏やかという特徴をもちます。それに対し，扱いにくい（difficult）タイプ（出現率 10%）は，周期性が低くて気分は陰性，順応性が低く，回避的で，反応の強度が激しいといった，扱いやすいタイプとはおよそ反対の特徴をもっています。最後に，出だしの遅い（slow-to-warm-up）タイプ（出現率 15%）は，反応の強度や活動水準が低く，新奇な状況における順応性が低く，回避的であるという特徴です。

　これまでの研究では，こうした気質が単体ではなく，環境と相互作用することにより，子どもの発達に重要な役割を果たすことが明らかにされてきました。

　例えば，日本の母親を対象に行われた縦断調査（水野，2009）では，第一子に対する気質的扱いにくさの認識は乳児期から幼児期まで連続しており，母親

表 1-1　9 つの気質特性（Kristal,（2005/2017）を参考に作成）

気質特性	内容
感覚閾値	反応を引き起こすのに必要な刺激の程度。感受性。
活動水準	全般的な身体活動の程度。活発さ。
反応の強度	快不快や喜怒哀楽の感情表出の程度。
周期性	食事・睡眠・排泄パタンの予測可能性。
順応性	新たな環境や活動，状況への変化や移行に際しての慣れやすさ。
気分	陽性（機嫌が良い・朗らか）か，陰性（不機嫌・生真面目）か。
接近／回避	新奇な刺激や状況に対する反応の方向性（接近するか回避するか）。
持続性	1つの活動を持続させる程度。根気強さあるいは頑固さ。
注意散漫性	外からの刺激に対する気の取られやすさ。

から気質的に扱いにくいと認識されている子どもは幼児期における自己制御能力も低いことが明らかになりました。自己制御能力とは，状況に応じて自己主張したり，自己抑制したりと自らの行動をコントロールする力であり，幼児期を通して発達します。また，自己制御能力の発達には，周囲の大人の説明的なしつけ方略，例えば，子どもが出した食事を食べないような葛藤場面で「一生懸命作ったから食べてくれないと悲しいな」のように，説明を与え，子どもに考えさせるような方法が有効であるとされていますが，この研究では，気質的に扱いにくい子どもの場合は，そうしたかかわりを母親から受ける機会が少ないこともわかりました。気質的に扱いにくい子どもの母親は育児ストレスが高いことも明らかになっています。精神的な負担を感じやすく，子どもとの関係がうまく築けないことにより，母親の伝えるメッセージが子どもに受け入れられにくいためと考えられています。

　トマスとチェスは，気質的に扱いにくい子が必ずしも発達的に問題が生じるわけではないことから，子どもの発達には，子どもがもつ能力，動機づけ，そして気質のような特徴と環境との**適合の良さ**（goodness of fit）が重要であり，周囲が子どもの特徴を理解し，それに調和した期待や要求をすることで，子どもの健やかな成長発達が可能になると考えています。しかし同時に，こうした子どもの特徴は発達とともに変化していくことや，子どもの発達環境をその社会的背景も含めて理解すべきであることにも言及しています（Thomas & Chess, 1980/1981）。

　つまり，未熟に生まれるヒトが自立するまでのプロセスにおいて，環境や教育の役割が重要であることは間違いありませんが，発達の主体は，生まれながらに個性をもつ子ども自身であり，その時々の子どもの発達の姿を尊重したかかわりが周囲には求められているといえます。しかし，そうしたかかわりを求められる周囲もまた，さまざまな状況の影響を受けながら生活する主体でもあるわけです。子どもの発達は，それぞれに特徴をもつ「子ども」と「環境」とのダイナミックな「関係」の中で生じているという理解が必要だといえるでしょう。

2　アタッチメント

　子どもの発達は非常に複雑に生じるものですが，乳幼児期の子どもに欠かせない養育環境について，ここでは**アタッチメント（愛着）**の視点から深めていきたいと思います。

[1]　アタッチメント（attachment）とは

　かつて，乳児が養育者を求めるのは，養育者が授乳等を通して乳児の空腹を満たしてくれるからだという考え方が一般的でした。しかし，心理学者のハーロウ（H. F. Harlow）が，親から隔離されたアカゲザルの子どもが，ミルクの括り付けられた針金の代理母ではなく，柔らかい布が巻かれた代理母を好んで長時間接触していたことを明らかにし，1958 年「愛の本質（The Nature of Love）」という論文を発表したことから，子どもが養育者にくっつく（attachする）こと自体に，特別な意味があると考えられるようになりました。

　子どもが養育者にくっつく行動の意味を，アタッチメント理論としてまとめたのは，第 2 次世界大戦後の戦災孤児に関する調査から，子どもの発達における母性的養育の重要性を指摘した，児童精神科医ボウルビィ（J. Bowlby）です（Bowlby, 1969/1982, 1988/1993）。

　ボウルビィは，アタッチメントを，危機的状況において自らの安全を確保す

図 1-2　くっついている動物の親子

るために，特定の個体に接近・接触を求めようとする，動物一般に備わる行動の傾向と考え，子どもが，実際に特定の他者に接近・接触し，不安や恐れのようなネガティブな感情を解消し，安心感を得る経験を通じて，特定の他者との間にアタッチメント関係を築いていくプロセスを示しました。

　ボウルビィはさらに，生後2～3年かけて形成されるアタッチメント関係は幼児期以降に表象化され，生涯にわたり，心的に機能すると考えました。

　生後半年を過ぎ，自ら移動する力を獲得した子どもは，特定の他者を何かあったときの安全基地として利用するようになります。このとき，安全基地の不在自体が子どもにとっては不安材料となるため，後追いするなど激しく分離不安を示しますが，その強度は2歳をピークに減少していきます。それは，物理的な接近・接触がかなわなくても，自分を守ってくれる特定の他者，あるいは特定の他者に守られている自分を心の中でイメージできるようになることによって，ネガティブな感情を自分自身で立て直せるようになるからです。このイメージを**内的ワーキングモデル**といいます。

　子どもは自ら周囲の環境と関わり合いながら主体的に発達していく存在ですが，不安なことがあったときや，困ったことがあったとき，疲れてしまったとき，自分を守り，支えてくれる存在があるという確信は，未知の出来事や困難な課題と向き合う力になるでしょう。アタッチメントは子どもの主体的な発達を生涯にわたって支える基盤としても重要な機能をもっているといえます。

[2]　アタッチメントの質における個人差と発達

　養育環境によってアタッチメントの質に個人差が生じることを示したのはボウルビィの同僚エインズワース（M. D. S. Ainsworth）でした。エインズワースは**ストレンジシチュエーション法**を開発し，新奇な状況での子どものアタッチメントタイプを，養育者との分離には苦痛を示すけれども，再会時には養育者との接触によって容易に安心を取り戻せる安定型，養育者との分離に苦痛を示さず，再会時にも，養育者を避けようとする回避型，そして，養育者との分離に苦痛を示し，再会後に養育者と接触しても落ち着かず，養育者に対して怒りを表出するアンビバレント型を見出すとともに，各タイプの養育者のかかわりの特徴を明らかにしています（Ainsworth et al., 1978）。特に注目されたのは，

安定型の養育者の，子どもの状態をすばやく適切に読み取り，対応するという敏感性の高さでした。敏感性の高い養育者のもとでは，子どもは素直にネガティブな情動を表出し，養育者との接触を通して，容易に安心・安全の感覚を回復することができると考えられています。

　ストレンジシチュエーション法では，後に無秩序・無方向型の存在が明らかになりました。養育者に対してくっつこうとしたかと思えば，怯え，混乱するなど一貫した組織化された行動がみられないタイプであり，養育者が精神疾患を患っている場合や，虐待している場合など，子どもにとって，養育者が安全基地どころか，不安や恐れの源となっているケースが多いようです。

　先に挙げた回避型の子どもは，ネガティブな情動を表出すると養育者が離れてしまうためネガティブな情動を表出しないことで，アンビバレント型の子どもは，対応の一貫しない養育者の気を引くために過剰にネガティブな情動を表出することで，容易ではないものの，最終的には養育者と接触し，安心・安全を確保できていると考えられます（遠藤，2016）。しかし，無秩序・無方向型の子どもの場合，安心・安全の感覚を得ることができないまま成長する結果として，幼児期以降の問題行動や仲間関係の形成における困難さといった社会性のみならず，学業，特に数学や問題解決のように知的な探索が求められる課題が難しいなど，発達に深刻な影響が生じることが明らかになっています（数井，2018）。

　子どもの情緒の安定に，安心・安全を確保するための安全基地は不可欠です。不適切な養育のリスクがある場合は，早期介入によって，養育者を支援するとともに，例えば，子どもにも保育所等で養育者以外の大人と関係を築く機会を提供する（数井，2018）など，子どもの養育環境を社会全体で整えていくことが必要であると考えられます。

[3] アタッチメント表象はどのように形成されるのか

　近年，アタッチメント理論に対する再考が進んでいます。それは，ボウルビィが提案した従来のアタッチメント理論は，母子関係を念頭に置いた理論であったからです。ボウルビィは，特定の養育者，多くの場合，母親との関係から中核となるアタッチメント表象が形成され，それを鋳型に，他者との関係が形

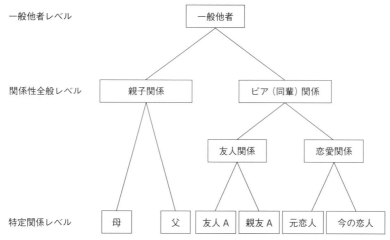

図1-3　アタッチメント表象の階層的組織化モデル
（Collins & Read, 1994; Crowell et al., 2016 をもとにした中尾，2017 より引用）

成されると考えました。

　しかし，現代は，女性の社会進出が進み，共働き家庭が一般的となって，乳児期から保育所に通う子どもたちも増える中，特定の養育者，それも母親との関係をベースに，人間関係が形成されるというモデルは受け入れがたいものに思われます。そもそも，未熟に生まれるヒトの子育ては，母親だけでなく，父親，祖母をはじめとした近しい他者からの社会的サポートを前提に行われるものであり，子どもは生まれながらに多様な人とのかかわりの中で育つ存在であったことが見直され，**アロマザリング（母親以外の養育）**の意味も検討されています（根ケ山他，2019）。

　こうした中で，アタッチメント表象がどのように形成されるのかについて複数のモデルが提案されるようになりました。1つは，重要な特定他者との関係をベースにアタッチメント表象が形成され，それが発達とともに図1-3のように階層化されていくという**階層的組織化モデル**ですが，近年は，それに対して，すべての他者との関係は等しく重要で，そのすべての関係が加算あるいは統合されて1つのアタッチメント表象が形成されていくという**統合的組織化モデル**，それぞれの関係性ごとに独立したアタッチメント表象が形成されるという**独立**

並行的組織化モデルにも注目が集まっています。

　実際，乳児期からの縦断的な調査（Howes et al., 1998）では，母子間のアタッチメント関係よりも，最初の保育者とのアタッチメント関係が，9歳時点での教師との関係性認知を予測したという知見が得られています。これは，初期の保育者との関係によって形成されたアタッチメント表象に基づいて，その後の教師との相互作用が行われているという，独立並行的組織化モデルを支持する結果であるといえます。

　どのモデルが妥当であるかの結論は出ておらず，その妥当性も社会や文化によって異なるのではないかという指摘もあります（近藤，2007）。ただ，養育者が頻繁に交代し，子どもにとって誰に接近・接触したらよいのかわからない，すなわち安全基地が定まらない環境は不適切だといえますが，複数の信頼できる大人が複数の場所にいるという，安心・安全のネットワークは，子どもの情緒の安定や活発な探索行動のためには重要であるといえます。特に，子育てや家族のあり方が多様化し，先に述べたような虐待等の子育てをめぐる課題も数多く抱えている現代社会においては，子どもの養育環境として特定の養育者とのアタッチメント関係にばかり焦点をあてるのではなく，子どもがもつ他者との情緒的なつながりをより柔軟にとらえる姿勢が求められているでしょう。

③　実行機能と子どもの育つ環境

　2000年ノーベル経済学賞を受賞したヘックマン（J. Heckman）が，ペリー就学前プロジェクトのデータをもとに幼児教育の重要性を説いたことで，非認知能力に注目が集まりました。すなわち，幼児教育（就学前教育）を受けた子どもとそうでない子どもの認知能力（IQ）の差は短期的にしかみられなかったにもかかわらず，その後の進学率や社会適応を示すさまざまな指標で差があったことから，認知能力では測定できない非認知能力の存在や重要性が指摘されたのです。非認知能力は，困難な課題にも粘り強く取り組む意欲や態度，目標達成のために他者と協調，協力する対人関係スキル等を含む能力であり，日本では社会情動的スキルと呼ばれています（OECD, 2015/2018）。今回は，その中でも近年注目される**実行機能**（executive function）を取り上げてみます。

[1] 実行機能とは

　実行機能とは，目標達成のために，自分の思考，行動，感情を制御する能力のことです。第1節で扱った自己制御能力は，「ゲームを一緒にするとき，遊びのやり方や役割など，自分のしたいことをはっきり言う」「待っててと言われると，やりたいことでも我慢する」など，他者との関係の中で現れる子どもの行動を扱っていましたが，実行機能は，そうした自己制御を可能にする認知機能といえます。実行機能は前頭葉，特にその前方に位置する**前頭前野**の発達を生理学的基盤としながら，3歳以降，幼児期に急激に発達し，その後，青年期まで緩やかに発達することが明らかになっています（森口，2015，2019）。

　例えば，マシュマロテストは，実行機能の中でも感情や欲求を制御する能力を測定する満足遅延課題の1つです。魅力的な報酬（マシュマロ）を前に，実験者が部屋を離れ，戻ってくるまで食べずに待っていられたら報酬が倍になる（もう1つマシュマロをもらえる）という場面で，子どもがどのくらい待つことができるかを調べると，4歳半頃から，子どもは，報酬を見ないようにすることを選択する，報酬とは関係のないことを想像するなど，感情や欲求を制御するための工夫を自ら考え出すことにより，そうした課題へとうまく対処できるようになることがわかっています（Mischel & Mischel, 1987）。

　一方，思考を制御する実行機能を測定する課題として，例えば切り替えテストがあります（図1-4）。ここでは，はじめは「色で分ける」というルールに則った分類が求められるのですが，途中で「形で分ける」とそのルールが変更された時に，柔軟にルールを切り替えることができるかが試されます。3歳頃にはルールに則った分類はできるものの，ルールが変更されたときに，もともとのルールを使い続けてしまいますが，4歳頃から次第に切り替えが可能になり，5歳頃にはほぼ正しくルールを切り替えられるようになります。

　森口（2019）によれば，感情を制御する実行機能は，自動車でいえば，アクセル（感情・欲求）を制御するブレーキの役割を果たすのに対し，思考を制御する実行機能は，目標を見失わないように保持しながら，その目標達成のため，状況に合わせて柔軟に頭を切り替えるという，ハンドル操作の役割を果たします。ゆえに，感情を制御する実行機能は，気分や状況，その報酬に対する好みなどに影響されやすく，また，エフォートフル・コントロール（EC）と呼ばれ

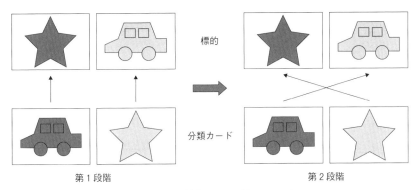

図 1-4　**切り替えテスト**（森口，2019）

る気質的な側面とも重なりますが，思考を制御する実行機能は比較的安定し，養育や教育等，環境の影響を受けやすいといいます。

[2] 実行機能を育む養育環境

　実行機能と関連する養育として，まず，子どもが困難な活動に取り組む際，養育者が子ども自身の意見や選択，決定，問題解決を尊重し，励ましながら，子どもの必要に応じてモデルを提示したりヒントを出したりすることによって，子どもが活動への注意を持続させるような**足場づくり**（scaffolding）が明らかにされています（Fay-Stammbach et al., 2014）。

　著名な発達心理学者ヴィゴツキー（L. S. Vygotsky）は，高次な精神機能の発達は，まず社会的に有能な他者との相互作用（精神間）において現れ，その後，子ども自身の内部（精神内）において再び現れることを述べています（Vygotsky, 1935/2003）。子どもが目標達成のために，自らの思考や行動を制御することも，はじめは養育者との相互作用の中で生じているのです。

　子どものいる家庭では，例えば，9 時になったら就寝する，就寝前は必ず歯をみがく，テレビは 1 日 2 時間程度，などの約束が設定されていることが多いと思います。こうした約束は，子どもが生活の見通しをもって安心して過ごすことにもつながりますし（森口，2019），寝る時間だから遊びはやめて歯をみがこう，夕方に見たいテレビがあるから，今はテレビを見ないでおこう，など，最初は養育者に援助されながらも，子どもが自らの行動や思考を制御する経験

になるといえます。最終的には，子ども自身がその約束が設定された意味を理解し，次の日学校に遅刻しないように，虫歯にならないようになど，自らの意志で適切な行動を選択し，自らの健康や生活を管理することにもつながるでしょう。

　こうした子どもの主体性を尊重しつつ，子どもが自らの行動を制御できるよう支援するかかわりが子どもの実行機能を育む一方，養育者が権威をかざして子どもに罰を与えたり，子どもを無視したり，一貫性のないしつけをしたりすることは，実行機能の発達を損ねることも明らかにされています（Roskam et al., 2014）。養育者によるこれらの行動は，子どもが活動に参加することを妨げ，子ども自身が自らの行動を制御する機会を奪うものであると考えられます。

　また，家庭の経済的な状況が実行機能の発達に影響することが明らかにされていますが，そのメカニズムは，家庭の経済的な状況が悪い場合に，子どもにとってストレスのかかる経験が多いこと，そのため，強いストレスに対して脆弱性のある前頭前野の発達が阻害されてしまうことにあると想定されています（森口，2019）。特に子どもにとってストレスが高いのは，先にも挙げた虐待的環境であるといえます。安心・安全を提供する養育環境は，実行機能の発達においても大前提なのです。

　以上のように，子どもの健やかな発達を育む養育環境は明らかになっているものの，養育者が完璧に振る舞う必要はないこともこれまでの多くの研究が示唆しています。例えば，乳児と母親の相互作用についての観察研究（Tronick & Cohn, 1989）では，リスクの少ない一般家庭でも，実はその相互作用の7割以上でミスマッチが生じていることが明らかになっています。また，そうしたミスマッチを乳児が修復しようとすることによって，子どものコミュニケーションスキルが育まれたり，他者とは異なる自己の感覚をもつようになったりと，子どもにとっては発達の機会になることも指摘されているのです。

　親子であっても異なる主体なのですから，その関係の中に不一致や葛藤が生じることはあるでしょう。しかしそうした不一致や葛藤を含む「ほどほど親子（根ケ山，2021）」であるからこそ，子どもはしなやかに，たくましく，発達していくのかもしれません。

コラム **1**　「ほどほど親子」を考える

　根ケ山（2021）は，親子にはそれぞれ，身体接触を求めて親密に接近し合う「求心性」と，そこから離れようとする「遠心性」の2つのベクトルが共存しており，それぞれが主体として，その適切なバランスをとるために相互調整し合う（駆け引きし合う・せめぎ合う）のが，親子関係の本質だといいます（図）。そして，この遠心性があるから，親子の間に程よい距離感ができ，双方の自立が促されることを強調しています。

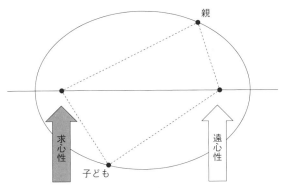

図　親子関係の楕円モデル（根ケ山，2021）

　根ケ山（2021）は，かつて豊かに展開されていたアロマザリングが縮小し，母子の求心性が過度に焦点化されてきたことが，現代の母親を追い詰めていると考え，母子の遠心性に焦点を当てるとともに，遠心性を支え，ヒトならではの協力的な子育てを実現する社会のヒト・モノ・シクミにも注目しています。

　例えば，筆者も母親として，保育園で別れを惜しんで泣く子どもに後ろ髪を引かれつつ仕事に出かけた経験がありますが，子どもはたいてい母親の姿が見えなくなると，ケロッとして遊んでいたようです。それは，子どもにとって保育所は，魅力的な先生や友だち，活動，規則正しく安定した生活など，親からの遠心性を支える充実したシクミが整っているからでしょう。夕方迎えに行くと，その日に会った出来事について目を輝かせて話す子どもの姿がそれを物語っています。

　新型コロナウイルスによるパンデミックで登園自粛や休園を経験した筆者は，親子のより良い関係を維持するために，離れている時間が大切だと改めて実感しました。通勤時間を削減できるテレワークや在宅勤務は子育て世帯にとってありがたいですが，それは，親子の求心性を高めるためではなく，親子が程よい距離感で付き合える環境を整えていくための一助であると考えます。これからも社会全体で親子を上手に離すシクミを考えていくことが必要なのではないでしょうか。

●引用文献

Ainsworth, M. D. S., Blehar, M., Waters, E., & Wall, S.（1978）. *Patterns of attachment: A psychological study of the strange situation.* Hillsdale, NJ: Lawrence Erlbaum.

Bowlby, J.（1969）. *Attachment and loss.* Vol. 1. *Attachment.* New York: Basic Books（ボウルビィ, J. 黒田実郎他（訳）（1976）. 母子関係の理論（1）愛着行動　岩崎学術出版社）

Bowlby, J.（1988）. *A secure base: Clinical applications of attachment theory.* London: Routledge.（ボウルビィ, J. 二木　武（監訳）（1993）. 母と子のアタッチメント―心の安全基地　医師薬出版）

Collins, N. L., & Read, S. J.（1994）. Cognitive representations of attachment: The structure and function of working models. In K. Bartholomew & D. Perlman（Eds.）, *Attachment processes in adulthood*（pp. 53-90）. London: Jessica Kingsley Publishers.

Crowell, J. A., Fraley, R. C., & Roisman, G. I.（2016）. Measurement of individual differences in adult attachment. In J. Cassidy & P. R. Shaver（Eds.）, *Handbook of attachment: Theory, research, and clinical applications*（3rd ed., pp. 598-635）. New York: Guilford Press.

遠藤利彦（2016）. アタッチメント理論の新展開―生涯発達の視座から　田島信元・岩立志津夫・長崎　勤（編）新・発達心理学ハンドブック（pp. 140-154）　福村出版

Fay-Stammbach, T., Hawes, D. J., & Meredith, P.（2014）. Parenting influences on executive function in early childhood: A review. *Child Development Perspectives, 8*, 258-264.

Harlow, H. F.（1958）. The nature of love. *American Psychologist, 13*(12), 673.

Howes, C., Hamilton, C. E., & Philipsen, L. C.（1998）. Stability and continuity of child-caregiver and child-peer relationships. *Child Development, 69*(2), 418-426.

Kanakogi, Y., Inoue, Y., Matsuda, G., Butler, D., Hiraki, K., & Myowa-Yamakoshi, M.（2017）. Preverbal infants affirm third-party interventions that protect victims from aggressors. *Nature Human Behaviour, 1*(2), 1-7.

数井みゆき（2018）. 不適切な養育とアタッチメント：虐待や喪失はどのように影響するのか（特集 最新・アタッチメントからみる発達：養育・保育・臨床の場における "愛着" をめぐって）発達, *39*(153), 42-48.

近藤清美（2007）. 保育所児の保育士に対するアタッチメントの特徴：母子関係と比較して　北海道医療大学心理科学部研究紀要, *3*, 13-23.

Kristal, J.（2005）. *The temperament perspective: Working with children's behavioral styles.* Baltimore, MD: Brookes Publishing.（クリスタル, J. 井上和則（訳）（2017）. 気質という視点―その臨床への活用　文芸社）

Mischel, H. N., & Mischel, W.（1983）. The development of children's knowledge of self-control strategies. *Child Development, 54*, 603-619.

水野理恵（2009）. 乳幼児の気質と母子相互作用・子どもの社会化過程　三宅和夫・高橋惠子（編）縦断研究の挑戦―発達を理解するために（pp. 89-104）金子書房

森口佑介（2019）. 自分をコントロールする力　講談社

森口佑介（2015）. 実行機能の初期発達，脳内機構およびその支援　心理学評論, *58*(1), 77-88.

中尾達馬（2017）. 児童期から成人期のアタッチメント　北川恵・工藤晋平（編）アタッチメントに基づく評価と支援（pp. 46-62）誠信書房

根ケ山光一・外山紀子・宮内　洋（編）（2019）. 共有する子育て　金子書房

根ケ山光一（2021）.「子育て」のとらわれを超える―発達行動学的「ほどほど親子」論　新曜社

Onishi, K. H., & Baillargeon, R.（2005）. Do 15-month-old infants understand false beliefs? *Science, 308*(5719), 255-258.

Roskam, I., Stievenart, M., Meunier, J. C., & Noël, M. P.（2014）. The development of children's inhibition: Does parenting matter? *Journal of Experimental Child Psychology, 122,* 166-182.

篠原郁子（2015）．Sensitivity の派生概念と子どもの社会的発達―アタッチメント研究からの展望―　心理学評論, 58(4), 506-529.

Thomas, A., & Chess, S.（1980）. *The dynamics of psychological development.*　New York: Brunner/Mazel.（チェス, S・トマス, A.　林　雅次（監訳）（1981）．子供の気質と心理的発達　星和書店）

Tronick, E. Z., & Cohn, J. F.（1989）. Infant-mother face-to-face interaction: Age and gender differences in coordination and the occurrence of miscoordination.　*Child Development, 60*(1), 85-92.

Vygotsky, L. S.（1935）. Умственноеразвитие ребенка в процессе обучения Umstvennoe razvitie rebenka v prosèsse obucheniià.（ヴィゴツキー, L. S.　土井捷三・神谷栄司（訳）（2003）．「発達の最近接領域」の理論―教授・学習過程における子どもの発達　三学出版）

Watoson, J. B., & Rayner, R.（1920）. Conditioned emotional reactions. *Journal of Experimental Psychology, 3,* 1-14.

山口真美（2010）．乳児の視覚世界―研究方法と近年のトピックスについて　*VISION, 22*(1), 13-19.

ワーク 1

■ 1．以下の創作事例を読み，考えてみましょう。

　Aくん（2歳・男児）は両親と3人暮らし。父親は仕事が忙しく，Aくんは
ほとんどの時間をAくんの出産を機に仕事を辞めた母親とふたりで過ごしてい
ます。Aくんは赤ちゃんの頃から睡眠のリズムが安定せず，夜中に何度も目が
覚めてしまいます。好き嫌いも多く，母親が張り切って新しい食材をそろえて
も，なかなか食べてくれません。外出時はベビーカーを嫌がったり，外出先の
トイレでのおむつ替えを嫌がったりと，母親は子育ての難しさを感じていまし
た。

　ある休日，久しぶりに父親の運転する車で動物園へ出かけることになり，と
ても楽しみにしていたAくんでしたが，移動の途中で飽きてしまい，車の中で
大騒ぎ。動物園についても，独特な匂いや，たくさんの人の声，日差し，ほこ
りが気になるようで，イライラした様子です。父親はAくんを励ましてたくさ
んの動物を見てまわっていたのですが，結果的にいつもよりも食事をする時間
が遅くなり，その空腹が引き金となって，Aくんはついにかんしゃくを起こし
てしまいました。父親は「せっかく来たのに…」とがっかりした様子。母親は
「私はこうなると思っていた」と父親に対しても腹を立てている様子です。

---

[1]　Aくんにはどのような気質的特徴があるでしょうか。表1-1を参考に考え
てみましょう。

[2]　Aくんが安心して過ごすためにはどのように環境を整えることが必要でしょうか。

■ 2．子どもの実行機能を育むためには「ごっこ遊び」が有効であることが明らかになっています。

[1]　その理由についてひとりで，あるいはグループで，考えてみましょう。

----

[2]「ごっこ遊び」以外にも，子どもの実行機能を育むと考えられる遊びについて考えてみましょう。

第 2 章　児童期から青年期と家族

　児童期から青年期の時期は，概ね6歳〜22歳くらいにあたります。この時期
は，子ども自身の内外において大きな変化がみられる時期です。本章では，特
に，大きな発達的変化がみられる思春期，青年期に焦点をあて，その時期の発
達的特徴，親子関係の特徴について学んでいきます。

 児童期から青年期の発達的変化・心理的特徴

[1] 発達的変化

　児童期とは主に小学生の時期を指します。青年期とは主に中高生ないし大学
生くらいの年齢を指し，思春期は小学校高学年から中学校年齢の性的成熟が始
まり，おおむね完了するくらいの時期を指します（図2-1）。
　思春期は，①身体的変化，②認知的変化，③社会的変化など子ども自身の内
外でさまざまな変化が生じる時期です。
　①身体的変化について，この時期は，思春期の発育スパートと呼ばれるよう
に身長・体重が急激に増加します。また，性ホルモンの活性化により**第二次性
徴**が発現し，男女とも生殖可能な状態へと身体が変化します。身体的変化の始

暦年齢の目安	6歳	10歳	12歳	15歳	18歳	22歳
学校段階	保育園 幼稚園 子ども園	小学校 低学年　　高学年		中学生	高校生	大学生
発達期	幼児期	児童期		青年期		成人期
			思春期			
	前期　　後期		前期　　　中期		後期	

図2-1　生涯発達における児童期，思春期，青年期の位置づけ

まりと終わり，そしてその変化を当事者がどのように感じるかには個人差があります。

②認知的変化について，認知発達はピアジェの理論に基づけば，論理的な思考の抽象化の違いから，**感覚運動期**（誕生〜2歳），**前操作期**（2歳〜7歳），**具体的操作期**（7歳〜12歳），**形式的操作期**（12歳以降）という4つの段階に分けることができます。思春期は，具体的操作期から形式的操作期の移行期にあたります。具体的操作期では，物事を論理的に考え結論づけることはできますが，具体的・日常的な事柄に限られており，非現実的な前提に立っての推論や抽象的な推論はできないとされています。形式的操作期になると，抽象的思考ができるようになることで，目には見えない自分の内面（人生観，価値観，理想的な自己像）について考えられるようになったり，まだ経験したことのない仮想的な対象である将来についても現実的かつ具体的に考えられるようになります。

③社会的変化について，思春期は，子どもでも大人でもないという境界線上にあることから**境界人**（marginal man）と呼ばれることもあります。思春期・青年期は社会的立場が大きく変わる時期です。子ども，大人の境界は一義的ではなく制度によって異なり，日本では刑事処分が14歳以上で可能となったり，令和4（2022）年には成年年齢が18歳へと引き下げられました。

また，人間関係においても大きな変化があります。児童期から青年期にかけては，親を中心とした人間関係から，友人を中心とした人間関係に徐々に拡大していきます。小学校から中学，高校，大学と所属団体も移行する中でその集団に適応するためには友人関係が大きな影響を与えます。そのため，この時期に適切な友人関係をつくれるかどうかは当事者にとって大きな意味をもちます。仲間集団には発達的な段階があり，同一行動による一体感を特徴とする**ギャンググループ**（小学校中学年以降），同一の関心・互いの類似性や共通性など言語による一体感を特徴とする**チャムグループ**（中学生），お互いの異質性も認め合う**ピアグループ**（高校生）の3段階があります。このうち，同一性が重視されるギャンググループ，チャムグループでは，集団内での凝集性が高まり安心感が得られる一方で，異質なものを排除するという意識が強くなったり，同じであることを求める仲間からの圧力（**同調圧力**：ピアプレッシャー）が強く

なったりします。その結果，学校現場で大きな課題となっているいじめに発展することがあります。

[2] 心理的特徴

　これまで述べてきたように，思春期，青年期は身体的，心理的，社会的な変化を経験します。さらに学業，友人関係，恋愛，進路など生活の中で起こるさまざまな問題，課題に対して対応していくことが求められます。その結果，自分自身と向き合ったり，理想と現実のギャップに直面したり，自分にとって大きな選択を迫られる経験が多くなるため，悩みを抱くことが多くなります。悩みは「危機」と表現されることがあります。悩みは心身を不安定にさせる「危」険が伴うものですが，一方で自分を成長させる「機」会にもなります。悩むことは悪いことのように思われがちですが，後述するアイデンティティの形成という点で発達的に意味があるといえます。

　自分自身や世の中のあり方について悩むことは思春期・青年期の特徴として考えられていますが，近年では「悩まない」「悩めない」青年が増えたとの指摘もあります。しかし，現代の思春期・青年期の特徴として悩むことは，暗い・非生産的といった否定的な価値づけから，周囲に表現することができなくなっているだけで，当事者は内奥では深く考えており，苦しみ，困り感をもっている，と考えられています。

　悩むことが増えることによって，思春期・青年期は心理的に不安定になりやすい時期ともいわれます。不安定になると，イライラすることが増えたり，物事に取り組む意欲が低下したり，自己評価が低下したり，対人関係を避けるようになったりする状態がみられます。こうした状態は，思春期・青年期の多くの人が多少なりとも一時的に経験するものです。しかし，上記の状態が長時間持続し，苦しみや困り感を適切な形で表現できなかったり，援助を求めても適切な支援が受けられないと，他者に危害を及ぼすような**外在化問題**（いじめ加害，暴力行為，非行など），自分自身に危害が及ぶような**内在化問題**（不登校，引きこもり，インターネット依存，ゲーム依存，摂食障害，自傷行為など）につながる場合があります。

2　思春期・青年期の親子関係に関する発達的特徴

[1]　発達課題

　エリクソンのライフサイクル論では，青年期の発達課題として「同一性　vs　同一性拡散」が設定されています（表1（p.iv）参照）。同一性はアイデンティティともいわれます。**アイデンティティ**とは，自分自身が時間的に連続しているという自覚と，自分が他の誰かではない自分自身であるという自覚とが，他者からもそのようなものとみなされているという感覚に統合されたもの，を指します（文部科学省，2010）。「自分とはどんな人間か」「自分らしさとは何か」「これからどう生きていくのか」「社会の中で自分なりに生きるにはどうしたらよいのか」といった問いに応えられる状態にあるとアイデンティティが確立されたといえます。思春期は自我の覚醒の時期といわれ，アイデンティティを模索し始める時期にあたり，青年期はさまざまな経験をしながら確立に向けて模索し続ける時期になります。その過程で，一時的にアイデンティティの拡散状態（勤勉性の拡散，時間的展望の拡散，自己選択の回避と麻痺など）に陥ることがあります。エリクソンの発達課題では「同一性　vs　同一性拡散」と表記されていますが，対になっているアイデンティティの統合と拡散の間でせめぎあいながらも，前者が後者よりも優勢で安定している状態を目指すことが課題となります。なお，アイデンティティは青年期に確立されたらそれ以降，一生変わらないかというとそういうわけではありません。また，近年では，アイデンティティの確立は青年期の発達課題として限定されるものではなく生涯を通して形成されるという指摘もあります。成人期以降も，就職，結婚，出産などさまざまなライフイベントを経験する中で，その都度自分を見つめ直し，アイデンティティを再構築していくことが重要と考えられています。

　他方，思春期・青年期の対人関係をふまえた発達課題として挙げられるのが，親からの**自立**となります。ハヴィガーストは，青年期（12歳～18歳）の発達課題の1つに「両親や他の大人から情緒的独立を達成すること」を挙げています。自立の概念は多義的で，経済的自立，社会的自立，身体的自立，心理的自立など，いくつもの側面を含んでいます。ここでは心理的自立に焦点をあてていき

ます。心理的自立にも多様な側面があることが指摘されており，高坂・戸田（2003）は，心理的自立概念を把握するために行動・価値・情緒・認知の4つの概念的枠組みを設定しています。これらの4側面は，自らの意思で決定した行動を自分の力で行い，その結果の責任をとることができるようになること（行動的自立），行動・思考の指針となる価値基準を明確にもち，それに従って物事の善悪，行動の方針などの判断を下すことができるようになること（価値的自立），他者との心の交流をもつとともに，感情のコントロールができ，常に心の安定を保つことができるようになること（情緒的自立），現在の自分をありのままに認めるとともに，他者の行動，思考，立場および外的事象を客観的に理解・把握することができるようになること（認知的自立）とされます。児童期までは，親の意見こそが子どもの最重要意見だったわけですが，心理的自立が育ってくると，自分自身の経験から価値観や信念を探求し，親に依存することなく自分で判断して意思決定できるようになってきます。

[2] 自立の促進要因としてのアタッチメント

　思春期・青年期の親子関係において，自立を促進する背景要因に**アタッチメント**が挙げられます。第1章で乳幼児のアタッチメントの重要性について説明がありました。ここでは，思春期・青年期において表象レベルのアタッチメントの対象として親はどのように機能するのかについて述べていきます。

　従来，子どもが親から分離することのみが重要視されてきましたが，現在は，親との結びつきと親からの分離の両方が重要とされています（池田，2017）。思春期以降，主要なアタッチメント対象は親友や恋人に移行していきますが，親がアタッチメントの対象として機能しなくなるのではなく，依然としてアタッチメントの対象としてあり続ける，とされています（村上，2018）。思春期の子どもは，さまざまな課題に取り組む過程，あるいは，アタッチメント対象を親以外に移行させる過程において，親を安全な避難場所，安心の基地として使いながら，自立に向かっていくと考えられています。自立（＝分離）のために，親子の結びつき，つまり，適切な心理的距離を維持することが重要というパラドキシカルな関係になりますが，自立を生み出す土壌として，親がアタッチメント対象として機能し続けること，すなわち重要なサポート資源として機能し

続けることが重要といえます。

　親はアタッチメント対象であり続ける必要がありますが，幼児期と同様の保護を中心としたかかわり，また，児童期の禁止や統制などの指導的なかかわりが求められるわけではありません。伊藤（2013）は，思春期の親子関係では，タテの関係（育てる―育てられる関係）をヨコの関係に結び変えることの重要性を指摘しています。このヨコの関係とは，子どもから自分の意見を言うことができ，親も子どもの意見や立場を尊重するという「大人と大人」「対等な人間同士の関係」になることを意味しています。また，子どもが助けを求めているときに適切にサポートできるような関係を築くことも重要とされます。

　第1節［2］において内在化問題，外在化問題の課題について述べました。こうした課題の保護要因として親がアタッチメント対象でいることの重要性は実証的な研究からも明らかにされています。渡邉（2013）は，思春期の子どもの心身の健康にとって，母親が日常生活で子どもの態度に関心を示すこと，コミュニケーションを用いて理解を深めること，子どもの気持ちに配慮すること，自立・成長を促進する態度を示すことが重要であり，また，継続的な母親のかかわりが数年後の子どもの適応にも影響を及ぼす，と述べています。酒井他（2019）は，児童・思春期における子どもと親との情緒的な関係性の高さは，直接的にも間接的にも外在化型問題行動を抑制することを明らかにしています。

［3］第二反抗期

　思春期の子をもつ親からすると「子どもと接するのが難しい年頃」というイメージがあります。その要因は，**第二反抗期**と呼ばれる，子どもが親や教師などの大人に対して，反抗的になるとされる時期が思春期に起こることが影響していると考えられます。思春期の子どもの反抗は，親に対して最も激しく表れるものなので，必然的に親子の間の対立や緊張が高まるとされます。

　一口に親への反抗といっても，図2-2に示したように，親から離れる場合もあれば，親に向かう場合もあり，その程度によってもさまざまな形態があります（池田，2017）。このような反抗は，子どもの発達的要因に限らず，親子の関係性，家庭外の状況などさまざまな要因が関係して生起するといわれます。平石（2011a）は，親子関係における反抗の背景要因を表2-1のように整理して

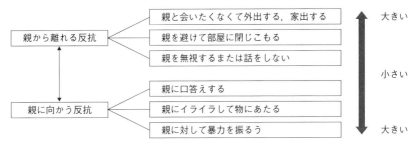

図 2-2　親に対する反抗の形態と程度（池田，2017）

表 2-1　思春期の親子関係における反抗の背景要因（平石，2011a）

背景要因の分類	内容の具体例
子ども	・自我，自律性などの子どもの内面の心理的発達
親子関係	・親の不適切な養育態度（権威的な態度や過保護・過干渉，放任など）と子どもの自我の発達との相互作用 ・個人の自由の裁量権，決定権をめぐる親子の見解の不一致　等
家庭外の社会的文脈	・学校における学習や部活動，教師や級友との対人関係におけるストレス　等

います。そのうち，思春期における典型的な親子の衝突は，個人の自由や裁量権，決定権に関する親と子どもの見解の不一致から生じている，と述べられています（Smetana, 2011）。例えば，子どもが自室の掃除や着る物の選択を「個人的な問題」とみなし，個人の自由と考えているのに対して，親はそれを家族の因習や健康に関わる大切な問題であり，親にも発言権があるとみなすため，衝突が起こるとされます。また，家庭外の社会的文脈について，学校の集団生活の中でストレスを受けた子どもが，家庭でイライラをストレートに表し，反抗的な態度や行動をとることはよくあるケースです。

　ところで，第二反抗期がないことがしばしば問題視されることがあります。第二反抗期に関しては，発達の過程（特に自立の過程）において必然であるとか，思春期の子どもの一般的な発達的特徴として理解されることがあります（平石，2018）。また，第二反抗期的な険悪な親子関係ではなく良好な親子関係は，健全な親子関係とみなされるより「自立の遅れ」や「未成熟な親子関係」として否定的に扱われた時期もあります（伊藤，2013）。そのため，一般的なイメージも含めた理解により，第二反抗期がないことを心配する親も少なくあり

ません。しかし，白井（2018）は，第二反抗期の有無によって自立が決まるわけではないと述べており，溝上（2011）も同様に，青年の発達にとって重要なのは第二反抗期それ自体よりも，親子関係の再構築，それをふまえた自立であると述べています。このことは，親は子どものアタッチメント対象であり続け，その上でヨコの対等な関係の再構築が必要という見解と一致します。

3　思春期・青年期の親子関係の実際

　ここまで思春期・青年期の発達課題である自立を促す要因として親がアタッチメント対象であり続けることと，思春期の親子関係の特徴とされる第二反抗期について，理論的視点から述べてきました。では，近年の思春期・青年期の親子関係はどのような傾向があるのでしょうか。その実態について，いくつかの調査結果を紹介していきます。

　内閣府（2020）による満13歳から満29歳までの子ども・若者10,000名を対象にした調査結果のうち，親子関係に関する内容をまとめたものが表2-2になります。この結果をみると，親と良好な関係を築けている子どもが多いことがわかります。相談できる相手であること，強いきずなを感じることにおいても年齢の上昇に伴い減少する傾向はありますが，総じて親が子どものアタッチメント対象となっていることがうかがえます。別の報告においても，相談相手に関して，年齢が高くなるにつれて友人の方が親よりも割合が高くなる傾向がありますが，経年変化でみると近年は，親（特に母親）への相談の割合が年々増えていることが示されています（中釜・野末，2019）。

　第二反抗期について，明治安田生活福祉研究所（2017）の報告では，親世代（中学生から29歳の子どもをもつ35〜59歳の男女9,715名）と子ども世代（15〜29歳の未婚男女5,803名）の双方に対して，自身の反抗期の有無および反抗期があった場合にはその時期を尋ねています。その結果，親子・性別を問わず「中学時代」の割合が最も高く，次いで高校生時代となっています。また，「反抗期と思える時期はなかった」は，親世代は3割に満たなかったのに対し（男性28.1%，女性26.4%），子世代は男女ともに高く，男性42.6%，女性35.6%となっています。

表 2-2　令和元年度子供・若者の意識に関する調査結果（内閣府，2020）

	13〜14 歳 (*n* = 1120)	15〜19 歳 (*n* = 2930)	20〜24 歳 (*n* = 2884)
人生観・充実度			
【自分の親（保護者）から愛されていると思う】	88.0	75.2	71.4
家族・親族との関わり方			
【会話やメール等をよくしている】	85.4	72.2	67.5
【何でも悩みを相談できる人がいる】	76.1	58.9	56.0
【楽しく話せる時がある】	91.1	80.8	76.9
【困ったときは助けてくれる】	91.3	78.9	75.2
【他の人には言えない本音を話せることがある】	68.6	62.5	56.4
【強いつながりを感じている】	72.3	68.5	57.4

（注）数字は各項目に「あてはまる」「まあまあてはまる」と回答したものの合計の割合（％）

表 2-3　親子関係に関する調査結果（内閣府，2014）

	小学生		中学生	
	2006 年	2014 年	2006 年	2014 年
お母さんは，自分の気持ちをわかってくれる	86.0	93.6	78.1	86.9
お父さんは，自分の気持ちをわかってくれる	72.3	86.6	61.6	77.0
お母さんに，反発を感じる	30.8	22.7	37.2	32.3
お父さんに，反発を感じる	27.8	21.8	39.1	32.8

（注）数字は各項目に「あてはまる」「まあまあてはまる」と回答したものの合計の割合（％）

　また，内閣府（2014）が 2006（平成 18）年と 2014（平成 26）年に無作為抽出した全国の小学 4 年生〜中学 3 年生に対して実施した調査によると，親に「反発を感じる」と回答したものは小中学生ともに減少しています（表 2-3）。また，親が「自分の気持ちをわかってくれる」と回答したものは小中学生ともに増加しています。

　これらの結果をみると，第二反抗期にみられる態度・行動を顕著に表出する子どもは減少傾向にあることがうかがえます。また，自分の家族をポジティブに評価している子どもが増えている，あるいは，思春期の子どもに対しあたたかく受容する親が増えていることがうかがえます。

　思春期の反抗期減少の理由として，コミュニケーションツールの発展が考えられます。2020（令和 2）年度における東京都内の児童生徒のスマホ所有率は小学校高学年（*n* = 500）で 34.4％，中学生（*n* = 500）で 79.8％，高校生（*n*

= 500）で 95.6％となっており年々増加しています（東京都都民安全推進本部，2021：スマホの所持率は地域によって差がある点は注意）。所持している中学生，高校生の大半は SNS（LINE® など）を利用しており，親子のコミュニケーションが容易にとりやすくなっていることが考えられます。また，反抗期減少を親のかかわり方の観点から考察した戸田（2018）は，反抗期減少の理由について，「反抗期」の意味を多くの人が理解し，むやみに子どもを押さえつけるのではない対応の仕方がより望ましいという風潮があること，そして，児童虐待が大きく報じられるようになり，反面教師として行き過ぎたしつけや体罰を避け，おだやかに子どもと相対しようという流れができてきたこと，を挙げています。

　後者について，2020 年 4 月に，しつけを名目とした児童虐待を防ぐため，親の体罰を禁止する「改正児童虐待防止法」が施行されたことをふまえると，親のあたたかい受容的なかかわりは今後も増加すると考えられます。一方で，被虐待者の年齢別対応件数の年次推移（厚生労働省，2021）をみると，思春期に該当する年齢の件数は他の年齢層と同程度に年々増加しています（表 2-4）。児童虐待のリスク要因には，親の要因（養育能力の低さ，育児不安など），子どもの要因（何らかの育てにくさをもっている子ども），家庭・生活環境の要因（家族間の不和，経済問題など）などさまざまなものがあります（文部科学省，2020）。調査結果から総じて良好な親子関係を築けている子どもが多いようにみえますが，不健全な親子関係により支援を必要とする子どもの問題は，より深刻化していることに留意する必要があります。

表 2-4　被虐待者の年齢別対応件数の年次推移（厚生労働省，2021）

	27 年度		28 年度		29 年度		30 年度		令和元年度	
	件数	構成割合(%)	件数	構成割合(%)	件数	構成割合(%)	件数	構成割合(%)	件数	構成割合(%)
総数	103,286	100.0	122,575	100.0	133,778	100.0	159,838	100.0	193,780	100.0
0〜2 歳	20,324	19.7	23,939	19.5	27,046	20.2	32,302	20.2	37,826	19.5
3〜6 歳	23,735	23.0	31,332	25.6	34,050	25.5	41,090	25.7	49,660	25.6
7〜12 歳	35,860	34.7	41,719	34.0	44,567	33.3	53,797	33.7	65,959	34.0
13〜15 歳	14,807	14.3	17,409	14.2	18,677	14.0	21,847	13.7	26,709	13.8
16〜18 歳	8,560	8.3	8,176	6.7	9,438	7.1	10,802	6.8	13,626	7.0

4 親への支援という観点からみた児童期・青年期の家族

　子どもが思春期を迎えた際，親の側からみると，今までやってきた対応では
うまくいかず，戸惑うことが多くなります。小武内（2011）は，中高生の子ど
もをもつ親のしつけの「悩み・葛藤」を次のように分類しています。それらは
「対応の硬直」（例：子どもに任せたいと思っても，不安でつい口出ししてしま
う），「家族成員間葛藤」（例：夫婦間でしつけ観が一致せず苦労する），「対応へ
の困惑」（例：子どもの突飛な行動を，叱るか，背景にある意味を考えるべきか，
迷う），「価値の模索・対比」（自分の家庭での善さが世間一般の善さとずれて
いないか，迷うことがある），「両価性葛藤」（例：子どもの反抗を成長段階と思
いたいが，可愛らしさと憎らしさの葛藤に苦しむ）という5分類です。

　この時期の親子関係の本質について大河原（2006）は，育とうとする子ども
と守ろうとする親との葛藤，親なしには生きてこられなかった子どもが親から
離れていくという健全なプロセスに，親がその喪失を乗り越えていくための過
渡期，と述べています。思春期・青年期の子どもは自分探し，自分創りの真っ
只中で自分自身や社会の変化に適応することにエネルギーを費やしています。
新しい親子関係の構築が求められる中，不要な衝突や葛藤を生じさせないため
に調整することが求められるのは，どちらかというと親の方になるのかもしれ
ません。また，マクゴールドリック他（McGoldrick et al., 2015）は，家族ライ
フサイクルを7段階に分け，それぞれの家族発達段階における課題を示してい
ます（表1（p. iv）参照）。青年期の家族の課題の1つに，子どもの自立を促進
するために家族境界を柔軟にしていくことが挙げられています。児童期までは
家族の凝集性が高く生活も家族中心となりますが，青年期になれば対人関係の
広がりとともに家族のかかわりは減っていくことになります。こうした家族の
生活スタイルの変化にも親が順応していくことが必要となります。

　思春期の子どもは，自分の気持ちを言葉で表現したり，親に自ら相談しよう
とはしなくなります。場合によっては親からの問いかけにも反応しないという
こともあります。そうした態度・行動に対しては，成長の証と冷静にとらえ，
いつも変わらぬ態度で接すること，子どもを信じて見守ること，そして，子ど

もが求めているときにはしっかり応じるなど，子どもが安心できる環境をつくることが必要とされます。また，この時期に反抗的態度や問題行動がみられたときに，「思春期だから」「反抗期だから」仕方がないと表面的な理解のみで対応してしまうと，隠された問題を見落としてしまう危険性あります。日頃から子どもの様子の変化に関心を向け，時には生じている問題に親として正面から向き合うことも必要となります。

　これらの対応は，思春期の子育ての対応でよく聞かれるものですが，多くの親は頭では理解しているように思います。しかし，なかなか行動や態度で示せず，葛藤を抱えている親も少なくありません。その要因として，親自身もストレスを抱えていることが挙げられます。平石（2011b）は，思春期の子どもをもつ親は，その時期特有の困難さがあり，多くのストレスを抱えていると述べています（表2-5）。第2節で述べた統計結果も少なからず影響していると考えられますが，望ましい親子関係の姿が独り歩きしてしまうとそれに苦しめられてしまう家族もいるかもしれません。家族の形態が多様化している中で，子育てに唯一の正解があるわけではありません。親の就労状況，家族構成，生活スタイルなどに応じてそれぞれの家族，親子関係に合った，子どもの自立を促す方法を模索していくことが重要と考えられます。

　多くの親は葛藤，ストレスを抱えながらも子育て期を乗り越えていきますが，中には，親自身に支援が必要なケースもあります。親自身の生き方の葛藤，ス

表2-5　思春期の子育てに関連した親の心理的ストレスの背景要因（平石，2011b）

背景要因の分類	内容の具体例
子ども	気質的な難しさ，心身の病気や障がい，思春期の成長に伴う情緒的不安定さ，反抗的な態度，等
親	中年期危機に関連した親の心身の課題（身体的な老いの自覚，夢の喪失と現実修正，アイデンティティの再構築，時間的展望の変化，夫婦関係の見直し等），子どもに対する夢と期待の修正，子離れに伴う喪失感と不安，等
親子関係	親役割の曖昧さ，決定権・裁量権をめぐる親子の認識のずれ，家庭における権威関係の変容，心理的距離の取り方の難しさ，等
親子関係以外の社会的文脈	学校関連の問題（学習上の問題，進路決定と受験，教師との関係や友人関係のトラブル等），塾や習い事など学校以外の社会的関係における問題，親自身の仕事や経済的問題，等

トレスへの対処などに対しては心理的支援，経済的困窮，DV 被害などに対しては福祉的支援が必要となります。教育機関，相談機関では，思春期，青年期の子どもの悩みや内在化問題，外在化問題の支援にあたって，家族，親が子どもの支援者として機能するべきという考えが前提になっているように思います。しかし，支援者として機能することが困難な親，家族が一定数おり，その結果，子どもの発達に負の影響を与えることは，看過できない課題といえます。本来大人が担うと想定されている家事や家族の世話等を日常的に行っている**ヤングケアラー**の問題はその一例と考えられます。乳幼児期に比べて思春期・青年期の親が相談できる機関は多くはありません。多くの危機を経験する思春期・青年期の子どもの支援の充実はもちろん必要ですが，思春期・青年期の子どもをもつ親や家族を社会全体，地域全体で支えていくことも求められていると考えられます。

コラム **2**　ヤングケアラーに必要な支援とは

　2021年4月, 厚生労働省は, 中高生を対象としたヤングケアラーに関する全国規模の調査（「ヤングケアラーの実態に関する調査研究」）の結果を発表しました。その結果, 公立中学2年生の5.7%（約17人に1人）, 公立の全日制高校2年生の4.1%（約24人に1人）が「世話をしている家族がいる」と回答し, 1学級につき1〜2人のヤングケアラーがいる可能性が明らかにされました。ヤングケアラーについて法令上の定義はありませんが, 上記調査では,「本来大人が担うと想定されている家事や家族の世話などを日常的に行っていることにより, 子ども自身がやりたいことができないなど, 子ども自身の権利が守られていないと思われる子ども」と定義されています。

　ヤングケアラーと思われる子どもの実態として「障がいや病気のある家族に代わり, 家事（買い物, 料理, 洗濯, 掃除など）をしている」「家族の代わりに, 幼いきょうだいの世話をしている」「家計を支えるために, アルバイト等をしている」「家族の通訳をしている」などが挙げられています。学校現場で支援が求められる貧困, 外国籍児, 虐待等の課題と関連していることがわかります。こうような状況の結果, 子どもへの影響として, 学習面への遅れ, 過度の疲労, 不登校, 社会的孤立などの問題につながる可能性があります。

　支援者は, 子どもの負担が軽減され, 自立して自分の道を歩めるようにと願いますが, それに向けて介入を行えば, 家族関係の悪化や, 家族の生活がまわらなくなるなど現実的な問題に直面することになります。また, 子ども自身にヤングケアラーの認識がなかったり, やりがいを感じている場合も報告されており, 支援者の一方的な考えに基づく対応ではかえって彼らを傷つける可能性もあり, 支援者側にも多くの葛藤, ジレンマを生じさせます。ヤングケアラーに相当する子どものうち, 学習面の遅れや過度な負担がみられる場合などは, 早期に発見し支援することは必要です。早期発見段階では, 学校の役割は大きいと考えられますが, 実際に支援を行う段階では, 子どもだけでなく, 家庭へのアプローチが必要になるので, 学校がこの問題の根本的な解決のために介入を行うことはきわめて難しいといえます。

　近年では家庭環境への支援の必要性から, 学校ではスクールソーシャルワーカーの活用が進められています。しかし, 専門家の配置のみでは不十分で, 国, 地域など社会全体で, 支援する仕組みを整備する必要があります。まずは, ヤングケアラーの存在を知り, 支援の必要性について, 社会が認識することが必要と考えられます。

●引用文献

平石賢二（2011a）．思春期の反抗がもつ意味―反抗する子としない子―　児童心理, *65*(15), 81-86.

平石賢二（2011b）．思春期の反抗と親のストレス　教育と医学, *59*(5), 22-28.

平石賢二（2018）．「第二反抗期」は専門用語か　教育と医学, *66*(12), 2-3.

池田幸恭（2017）．青年期の親子関係　高坂康雅・池田幸恭・三好昭子（編）　レクチャー青年心理学（pp.79-93）風間書房

伊藤美奈子（2013）．「反抗期がない子」を考える　児童心理, *67*(11), 48-53.

高坂康雅・戸田弘二（2003）．青年期におる心理的自立（1）―「心理的自立」概念の検討―　北海道教育大学附属教育実践総合センター紀要, *3*, 135-144.

厚生労働省（2021）．令和元年度福祉行政報告例の概況　Retrieved from https://www.mhlw.go.jp/toukei/saikin/hw/gyousei/19/dl/kekka_gaiyo.pdf（2021年10月15日）

McGoldrick, M., Garcia Preto, N., & Carter, B.（2015）．*The expanding family life cycle: The individual, family, and social perspectives*（5th ed.）. Boston, MA: Person.

明治安田生活福祉研究所（編）（2017）．親子白書　きんざい

溝上慎一（2011）．反抗期のない大学生　教育と医学, *59*(5), 30-37.

文部科学省（2020）．学校・教育委員会等向け虐待対応の手引き　Retrieved from https://www.mext.go.jp/a_menu/shotou/seitoshidou/1416474.htm（2021年10月18日）

村上達也（2018）．思春期の対人関係とアタッチメント　教育と医学, *66*(10), 24-31.

内閣府（2014）．平成25年度小学生・中学生の意識に関する調査　Retrieved from https://www8.cao.go.jp/youth/kenkyu/thinking/h25/junior/pdf/b2-1.pdf（2021年10月15日）

内閣府（2020）．子供・若者の意識に関する調査（令和元年度）　Retrieved from https://www8.cao.go.jp/youth/kenkyu/ishiki/r01/pdf-index.html（2021年10月15日）

中釜洋子・野末武義（2019）．若者世代とその家族　中釜洋子・野末武義・布柴靖枝・無藤清子（編）家族心理学―家族システムの発達と臨床的援助―第2版（pp.101-117）有斐閣

小武内行雄（2011）．しつけを通じた親の「悩み」「成長」と子どもにおけるしつけ認知との関連　教育心理学研究, *59*(4), 414-426.

大河原美以（2006）．親子の関係の変化と子の自立　児童心理, *60*(10), 19-24.

戸田まり（2018）．現代の親子関係にみる「反抗期」　教育と医学, *66*(12), 12-19.

酒井　厚・江川伊織・菅原ますみ・松本聡子・相澤　仁（2019）．児童・思春期の親子関係と外在化型問題行動の関連に対する親友関係の調整効果　心理学研究, *90*(1), 11-20.

白井利明（2018）．反抗できない青年はどう自立するか　教育と医学 *66*(12), 28-34.

Smetana, J. G.（2011）．*Adolescents, families, and social development: How teens construct their worlds*. Chichester, UK: Wiley-Blackwell.

渡邉賢二（2013）．理想化した親の像が崩れるとき：変化していく子どもと親の関わり方　児童心理, *67*(11), 54-59.

ワーク 2

以下の創作事例を読み，考えてみましょう。

　A男は中学2年生。両親は共働き。A男と小学4年生の妹の4人家族。ある日，A男が部活から帰宅後の母親とA男の会話場面。A男は部活で嫌なことがあり，イライラしていた。

母親：「おかえり」

A男：（反応なし）

母親：「おかえり」

A男：（聞こえてはいるが反応なし）

母親：「ただいまくらい言えないの‼」（強めの口調）

A男：「ただいま」（小声で）

母親：「いつもはただいまって言うでしょ。その態度は何？」（少しイラついた感じ）

A男：「別に」

母親：「別にじゃわかんないでしょ」（強めの口調）

A男：「うるさいな，つかれてるんだよ」（小声で）

母親：「うるさいって何よ。こっちは心配しているのに」（強めの口調）

A男：「あ～，ほんとうるさい」（冷めた口調で部屋を出ようとする）

母親：「勝手にしなさい。夕飯は一人で片付けまでやりなさい‼」（感情的に）

A男：「勝手にするよ。コンビニ行って買ってくるからお金」

母親：「何よ，その態度は‼」

A男：「勝手にしろって言ったのはそっちだろ」（イライラした様子）

　その後，母親はA男の日頃の態度や成績が下がってきたことを一方的に非難した。こうした悪循環のやりとりが続く日々に母親は疲れるようになった。

■ 1.（個人作業）A男と母親との会話についてどんな感想をもちましたか。
　（グループワーク）他の人と感想を言い合ってみましょう。

■ 2．（個人作業）Ａ男の気持ち，母親の気持ちを考えながら，どんなやりとりが悪循環を招いていたのか考えてみましょう。（グループワーク）他の人と考えを共有してみましょう。

■ 3．（個人作業）Ａ男に対してどんなかかわりをしたらよいか考えてみましょう。（グループワーク）他の人と考えを共有してみましょう。

■ 4．（個人作業）思春期の親子関係において，子どもの自立を促すために親はどんなことに気をつけたらよいか，皆さんの立場から考えてみましょう。（グループワーク）他の人と考えを共有してみましょう。

［注］このワークは，思春期の親子関係について，子ども，親双方の立場から考えることで気づきを得るためのもので，対応について正解があるわけではありません。Ａ男と母親の関係が少しでも改善するためにどうしたらよいか，自分だったらこういうかかわりをされたらよいなどの視点も加えながら考えてみてください。

第 3 章　恋愛と結婚

　本章では，恋愛と結婚について考えていきます。わが国では，結婚相手とし
てふさわしい人と恋愛をして結婚をするというロマンティックラブ・イデオロ
ギーがまだ根強く，恋愛と結婚が結びついています。また，かつては「結婚す
るのは当たり前」という皆婚規範が強い社会でしたが，1990 年代以降，結婚に
対する考えが変化し，現在では「必ずしも結婚する必要はない」という意見が
大半となっています。若者は，「結婚する」ということを人生の選択肢の 1 つ
として自由に選べる反面，結婚を希望しても「結婚できない」という現実にも
直面しています。本章の第 1 節では若者の恋愛離れ，恋愛と心理的発達，デー
ト DV，第 2 節では結婚の現状，家族環境と若者の結婚観，結婚への志向性の
低下についてみていきます。

 ## 恋愛について

[1] 若者の恋愛離れ

　青年期に入ると，人は異性や恋愛に関心をもつようになり，次第に親密な関
係をもちたいと思うようになります。

　若者は，どのようなタイプの異性を好むのでしょうか。「大学生における好
かれる男性及び女性の特性」を調査した研究（豊田，2004）によると，男女と
もに異性から好かれる特徴として，「優しい」「思いやりがある」「信頼できる」
「友だちを大切にする」が重視されています。また，大学生を対象に「魅力を感
じる異性像」を調査した研究（高坂，2018）では，「静かで知的」「思いやりが
あり聞き上手」「真面目」「明るくエネルギッシュ」の 4 つのパターンがあるこ
とを男女ともに見出しています。自分が思い描くような素敵な異性に巡り合え

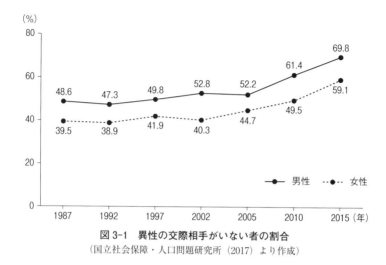

図 3-1　異性の交際相手がいない者の割合
（国立社会保障・人口問題研究所（2017）より作成）

たらいいのですが，現実には，恋人をもつことは結構難しいようです。国立社会保障・人口問題研究所（2017）によると，恋人として交際をしている異性がいる人（婚約者も含む）は，男性21.3％，女性30.2％の割合でしかありません。実際に恋人がいる人はさほど多くはないのです。

　そのような現状の中，近年，若者の恋愛離れが進んでいます。異性の交際相手がいない若者は，年々増加傾向にあります（図3-1）。その交際相手がいない若者のうち，異性との交際を特に望んでいない者の割合は，2015年で男性30.2％，女性25.9％を占めています。若者は恋愛に消極的になっているのでしょうか。

　20歳台，30歳台の未婚の男女を対象とした調査（内閣府，2015）によると，未婚でかつ現在恋人がいない人が，恋人を欲しいと思わない理由として，「恋愛が面倒」「自分の趣味に力を入れたい」「仕事や勉強に力を入れたい」「恋愛に興味がない」等を挙げています（図3-2）。これらの理由をみると，若者が恋愛を回避しているのがうかがえます。一方，これらの理由の中で，「他人と恋人として交際するのが怖い」と交際への不安を挙げてもいます。同調査で，未婚でかつ現在恋人がいない人に交際への不安について尋ねたところ，「そもそも出会いの場所がない」「自分は魅力がないのではないかと思う」が男女とも割

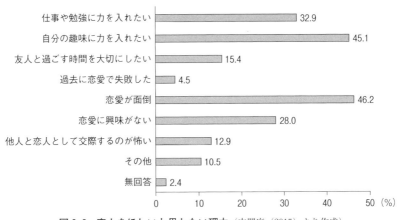

図 3-2　恋人をほしいと思わない理由 (内閣府（2015）より作成)

合が高くなっており，男性では，「気になる人がいても，どのように声をかけてよいかわからない」「どうしたら親しい人と恋人になれるのかわからない」「恋愛交際の進め方がわからない」の割合が高くなっています。女性では，「自分が恋愛感情を抱くことができるのか不安だ」の割合が高くなっており，若者の自信のなさや他者とのコミュニケーションスキル不足がうかがえます（図3-3）。

　若者の恋愛離れの背景として，男女平等の社会でありながら，恋愛においては男女平等というわけにはいかず，男性は女性以上に負担を強いられるという現状があります。恋愛では男性が女性をリードし告白をして恋愛関係に発展させていくという考えが未だに残っており，女性も少なからず男性にリードされることを期待しています。男性の頑張りが要求されることに男性自身が疲れてしまっているのかもしれません。告白というハードルが高すぎて躊躇してしまう男性もいることでしょう。また，現代はSNSが普及し，誰もがネット上で気軽につながることができるようになってきました。便利な反面，希薄な関係でしかない人ともどこかでつながっており，自分の恋愛情報が知らず知らずのうちに周囲に広まり筒抜けになってしまうというリスクを負うことになります。常に周りの空気を読み周囲との関係性を乱さないようにしている現代の若者にとって，SNSは恋愛離れの一因にもなっていると考えられます。

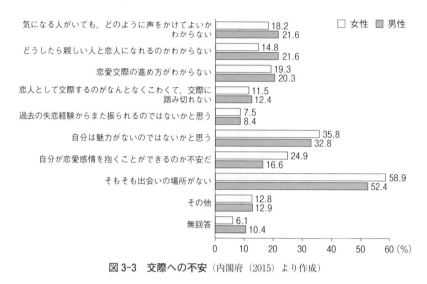

図 3-3 交際への不安（内閣府（2015）より作成）

　恋人を欲しいと思わない青年の心理的特徴についての研究で，高坂（2011）は，恋人を欲しいと思わない青年は，無気力で，アイデンティティの確立の程度や充実感が低く，自分の考えは絶対的に正しいとする独断性が強いことを明らかにしています。また，南（2014）は，恋人を欲しいと思っておらずネガティブな恋愛イメージをもつ者は，恋愛などの他者との関係よりも，自分だけの内面生活を送りたいという考えが強いことを明らかにしています。これらの研究から，恋人を欲しいと思わない青年の自我の未熟さや，自分だけの世界に籠ろうとする傾向が強いといった特徴がうかがえます。

[2] 恋愛と心理的発達

　エリクソン（Erikson, 1950）は，青年期の恋愛の大部分は，自分の拡散した自画像を他人に投射することにより，それが反射され徐々に明確化されるのをみて，自己の同一性を定義づけようとする努力であると述べています。そして，アイデンティティ形成がうまく進行している場合に限り真の親密性の形成が可能になると指摘しています（Erikson, 1968）。これらの指摘をもとに，大野（1995）は，青年期の恋愛とは，親密性が成熟していない状態で，かつ，アイデンティティの統合の過程で，自己のアイデンティティを他者からの評価によっ

て定義づけようとする，または補強しようとする恋愛行動であると述べ，青年期の恋愛を「**アイデンティティのための恋愛**」と呼びました。そして，アイデンティティのための恋愛の特徴として，①相手からの賛美や賞賛を求めたい（「好きだ，素敵だ」と言ってほしい），②相手からの評価が気になる（「私のことをどう思う」「私のどこが好き」などと相手に聞きたい），③しばらくすると飲み込まれる不安を感じる（話すことがなくなる。沈黙が続き，息苦しい関係になる），④相手の挙動に目が離せなくなる（関心が自分から離れることを恐れる，相手を束縛する），⑤結果として多くの場合交際が長続きしない，を挙げています。つまり，この段階の恋愛は，相手の幸せを願うのではなく相手から自分がどう見えるかに関心が向けられています。相手を愛するというよりも，青年の最大の関心は自分自身であり，親密な恋愛関係が構築されているわけではないのです。

　もしも，青年が親密な関係を他者とつくり上げることができない場合，青年期後期から成人期前期になって，自分自身が孤立し，非常に規格化された形式的な人間関係しか見出せなかったり，親密な関係を他者とつくり上げることができないという失敗を繰り返すことになってしまいます（Erikson, 1959）。しかし，だからといって，青年期の恋愛に消極的になる必要はありません。青年期の親密さを経験することは，自己探求の機会を通じてアイデンティティの発達に貢献します（Coleman & Hendry, 1999）。そして，何よりも，青年期の恋愛は，エリクソン（Erikson, 1959）の漸成発達理論における成人前期の発達課題である「**親密性**（intimacy）」の獲得につながります。

　大学生を対象に心理的離乳とアイデンティティのための恋愛との関連を検討した研究（板垣, 2008）では，親との関係で精神的に自立できている人はアイデンティティが確立し，恋人との関係でも自分に関心を向ける関係から，相手の幸せを願う関係に移行しています。つまり，アイデンティティのための恋愛を脱し，相手の幸せを考えるという親密性の段階がみられるようになってきています。

　このように若者にとって，恋愛を経験することは心理的発達においてとても重要なことです。恋愛の経験がある人はない人よりも，自分や他者に対して信頼感をもっています（天谷, 2007）。また，現在恋愛関係にある者はない者より

も自尊心や充実感が高く，抑うつの程度が低く，精神的に健康であり，そして
恋愛関係を構築することで，自らの明朗性・友好性，誠実さ，情緒性といった
自己概念を高めています（神薗他，1996）。さらに，女子大学生は男子大学生よ
りも恋愛がアイデンティティの確立に与える影響が大きく，恋人がいる女子大
学生はいない者よりも，アイデンティティの確立の程度が高くなっています
（北原他，2008）。

　そして，たとえ若者の恋愛が失恋で終わったとしても，失恋の経験がその後
の社会的スキルの向上に影響を及ぼします（堀毛，1994）。また，恋愛関係が継
続しているかどうかにかかわらず，過去に一度でも恋愛関係を構築したことが
ある者は，自己が安定しやすいことが報告されています（井ノ崎・葛西，
2020）。

　若者の恋愛関係が有益なものになるためには，ただ恋愛関係を形成・維持す
ればよいのではなく，恋愛関係への動機づけが自律的であり（例えば，「恋人
と一緒にいると楽しい時間が多いから」「恋人のことをよく知るのは，価値の
あることだから」など），そして現在の恋人に対して安心感を抱いていること
が重要となります（中井，2020）。

[3] デート DV

　あなたは，「デート DV」という言葉を知っているでしょうか。交際中の若い
カップルの間で起こる暴力のことです。20歳以上の男女を対象に行われた調
査（内閣府，2021）によると，わが国のデート DV の被害は，女性16.7％，男
性8.1％の割合に及んでおり，女性の約6人に1人は交際相手から被害を受け
たことがあることになります。

　デート DV でみられる暴力には，身体的暴力，精神的暴力，経済的暴力，性
的暴力の4つがあります（図3-4）。

　高校生・大学生を対象とした調査（さいたま市，2020）で，デート DV の言
葉そのものを知っている若者の割合は64.6％でしたが，デート DV の内容につ
いても知っている若者の割合は49.0％にとどまっています。他の調査でも（広
島県健康福祉局こども家庭課，2021），デート DV という言葉もその内容も知
っている者は，高校生35.6％，大学生51.5％であり，デート DV についての認

精神的な暴力
・大声で怒鳴る・馬鹿にする ・交友関係を制限する ・無視をする ・行動を監視・制限する ・メールなどをチェックする　等

身体的な暴力
・殴る・たたく・蹴る ・腕をつかむ・ひねる ・髪を引っ張る ・物を投げつける ・刃物などを突きつける　等

経済的な暴力
・デート費用を全く払わない ・借りたお金を返さない ・外で働かせない・仕事を辞めさせる ・生活費を渡さない ・貯金を勝手に使う　等

性的な暴力
・性行為を強要する ・避妊に協力しない ・見たくないポルノビデオ等を見せる ・嫌がっているのに裸等を撮影する ・中絶を強要する　等

図 3-4　デート DV における暴力（内閣府男女共同参画局「デート DV って？」より作成）

知度はまだ高くはありません。そういう現状の中，若者のデート DV の知識が
まだ未熟な段階では，相手の行為が暴力そのものの認識を弱めている可能性が
あります。例えば，「携帯電話の着信・発信履歴やメールのチェックをする」
ことを「暴力だと思う」割合が 4 割を下回り，精神的暴力を暴力であると認識
する傾向が低くなっています（さいたま市，2020）。

　伊田（2010）は，青年期の男女は暴力を愛情表現と錯誤してしまうことを指
摘し，束縛や監視などの DV 行為を批判的にみることができなくなり，デート
DV が受容されてしまう構造があると示唆しています。遠藤（2007）も，デー
ト DV のいちばんの特徴は，恋愛幻想にすっぽりはまってしまうことで，相手
から暴力を受けても愛されていると感じてしまうことだと指摘しています。

　大学生を対象とした調査（千葉県健康福祉部児童家庭課，2021）によると，
被害者はデート DV の被害を受けていても，被害に対する対応では，「自分が
悪いせいだと思い相手にあやまった」割合が一番高くなっています。デート
DV の被害者は，相手に嫌なことをされているにもかかわらず自分に原因を帰
属してしまっています。恋愛関係を維持するために自分が我慢すればよいと考
えているのがうかがえます。同様に，寺島他（2013）も，暴力を受けたにもか

かわらず，相手と別れない理由として「自分に非があるから」と回答するものが多く，「たいしたことはない」と被害を軽視したり，「好きだから」と相手との現在の関係を重視していることを報告しています。

　また，デート DV で起こる暴力は単独で起きているのではなく，他の暴力と密接に関わっており，デート DV の被害者が複数の暴力を重複して受けている可能性があります（認定 NPO エンパワメントかながわ，2016）。デート DV の被害がより複雑化，深刻化していることが推測されます。

　DV の被害を受けた者はさまざまな心理的問題を生じさせており，さらには臨床的な症状を訴える例もみられます。内閣府（2021）によれば，交際相手から DV の被害を受けた者のその後の生活上の変化として，割合の高い順から「自分に自信がなくなった」（女性 27.8%，男性 26.5%），「夜，眠れなくなった」（女性 22.2%，男性 22.9%），「加害者や被害者の状況を思い出させるようなことがきっかけで，被害を受けた時の感覚がよみがえる」（女性 19.6%，男性 4.8%），「心身に不調をきたした」（女性 17.5%，男性 9.6%），「携帯電話の電話番号・メールアドレス，SNS のアカウントを解除した・変えた」（女性 16.5%，男性 13.3%），「人づきあいがうまくいかなくなった」（女性 15.5%，男性 13.3%）などが挙げられています。そして，ほとんどの項目において女性の割合が男性よりも高く，女性の方が DV 被害のダメージが大きいことがわかります。

　デート DV の被害者に女性が多い背景として，井ノ崎（2016）は「根強い性差別意識」「男女間の社会的格差」「世代間連鎖」を挙げています。「根強い性差別意識」は，男性が主で女性が従とする性差別意識によるカップル観が世代を超えて受け継がれていることが背景にあり，「男女間の社会的格差」は，所得格差や社会的地位の格差などに，社会制度として男尊女卑の考えが表面化し，男性が女性を支配する構造になりやすいことを指摘しています。また，「世代間連鎖」については，家庭内で両親から暴力を受けたり，両親の口論や身体的暴力を目撃した経験がある者は，恋愛関係において心理的・身体的暴力を使う傾向があることが示唆されています（Sugawara et al., 2003）。

　このように，恋愛関係は，親密な関係という肯定的側面だけではなく，暴力という否定的な側面も内包してることを私たちは認識する必要があります。

　わが国では 2001 年に配偶者からの暴力の防止と被害者の保護を目的に，「配偶者からの暴力の防止及び被害者の保護等に関する法律」（DV 防止法）が制定されています。しかし，デート DV においては，加害者・被害者が存在するにもかかわらず，DV 防止法の適用対象は同居する恋人までであり，同居していない恋人間のデート DV は含まれていません。デート DV は，ほとんどがカップル当事者の問題として扱われ，第三者が介入することがなかなか難しいという側面があります。遠藤（2007）は，DV 被害から逃れるのはとても大変なことで，驚くほどの時間と労力が必要であり，警察や医療の介入が必要とされる深刻な事例が少なくないことを指摘しています。

　私たちの周囲には，デート DV の被害にあっていても，誰にも相談できずにひとりで悩んでいる者が少なからずいます（千葉県健康福祉部児童家庭課，2021）。それゆえ，もしも誰かがあなたに相談してきたときは，その人にとってまさに差し迫った状況であることを理解する必要があります。

　また，デート DV の相談窓口についての認知度も未だ低く，DV の被害者が相談窓口に相談することはほとんどありません。大学生を対象とした調査（千葉県健康福祉部児童家庭課，2021）によると，デート DV の被害者が相談窓口に相談したのは，1.1％という低い割合でしかありませんでした。デート DV の相談窓口として，警察の生活安全課や女性の人権ホットライン，DV 相談支援センター，地域の女性相談センター（ウィメンズプラザ，男女共同参画センター）などがあることをぜひ知っておいていただきたいと思います。

 ## 2　結婚について

[1] 結婚の現状

　平均初婚年齢は，1987 年では，男性 28.2 歳，女性 25.3 歳でしたが，以後年々上昇し，2015 年では，男性 30.6 歳，女性 29.1 歳となり**晩婚化**が進んでいます（国立社会保障・人口問題研究所，2017）。また，生涯未婚率（50 歳時点で一度も結婚をしたことがない人）についても，1985 年では男性 3.9％，女性 4.3％でしたが，以後年々上昇して，2015 年では男性 23.4％，女性 14.1％となり**非婚化**も確実に進んでいます（厚生労働省，2021）（図 3-5）。

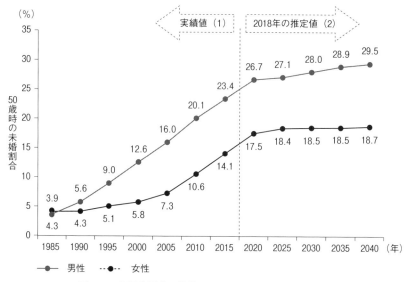

図3-5　生涯未婚率の推移（厚生労働省（2021）より作成）

資料：国立社会保障・人口問題研究所「日本の世帯数の将来推計（全国推計）（2018年推計）」「人口統計資料集」。

（注）2015年までは（1）「人口統計資料集」，2020年以降は（2）「日本の世帯数の将来推計」より，45〜49歳の未婚率と50〜54歳の未婚率の平均。

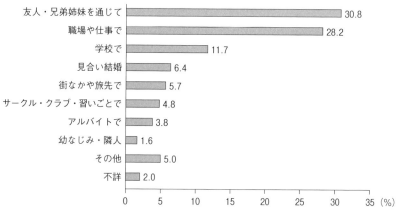

図3-6　出会いのきっかけ（国立社会保障・人口問題研究所（2017）より作成）

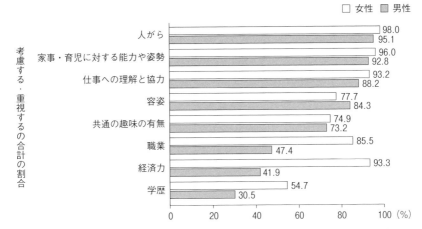

図3-7　結婚相手に求める条件（国立社会保障・人口問題研究所（2017）より作成）
（注）設問：「あなたは結婚相手をきめるとき，次の項目について，どの程度重視しますか」（1.
　　　重視する 2. 考慮する 3. あまり関係ない）。

　ひと昔前は見合い結婚が主流で，結婚適齢期の若者に親や親族等の周りの者
が結婚の相手になりそうな人を紹介するという形態がありました。しかし，
1960年代後半以降見合い結婚から恋愛結婚へと移行し（国立社会保障・人口
問題研究所，2017），現代では恋愛結婚が約9割を占め，結婚相手は自分自身
で探さなければならなくなりました。人は自由に恋愛をして結婚できるように
なった一方で，結婚相手として選択されたりされなかったりするようにもなり
ました。

　では，未婚者はどこで結婚相手に出会うのでしょうか。国立社会保障・人口
問題研究所（2017）によると，結婚相手と出会ったきっかけは，「友人や兄弟姉
妹を通じて」「職場や仕事で」「学校で」が約7割を占めています。大方の未婚
者は，自身の生活圏で出会う人と恋愛し結婚をしていることになります（図
3-6）。つまり，自身の生活環境や社会的地位と似たような人と恋愛を経て結婚
する**同類婚**がほとんどということになります。

　また，未婚者が結婚相手に求める条件は，「人がら」を男女ともに最も重視
しており，「家事・育児に対する能力や姿勢」「仕事への理解と協力」が続きま
す（図3-7）。男女ともに，結婚相手の人柄がよく，自分の仕事を理解し，家事

や育児に参加してくれることを求めています。そして，男性は女性よりも容姿を考慮し，女性は男性よりも経済力を求めています。明治安田生活福祉研究所（2017）の調査によると，未婚女性は男性に年収 400 万円以上を求めています。そして，未婚女性本人の年収が高いほど男性に求める年収額も高くなっており，年収 200 万円以上 300 万円未満の未婚女性では 56.5%，年収 400 万円以上 500 万円未満の未婚女性では 87.0% が，男性に 400 万円以上の年収を求めています。しかし，現実には，未婚女性の求める 400 万円以上の年収のある男性は，20 歳台未婚男性で 15.2%，30 歳台未婚男性で 37.0% の割合でしかなく年収 400 万円以上の男性そのものの数が少ないのです（明治安田生命生活福祉研究所，2016）。そのうえ，わが国では同類婚が一般的であるために，高収入の男性は高収入の女性と結婚をするのが大方です。

[2] 家族環境と若者の結婚観

　若者が自分の将来の結婚を考えるとき，自分が生まれ育った家族環境や若者にとって一番身近な異性関係のロールモデルである親の夫婦関係が若者の結婚観に関連しています。

　大学生の結婚観についての調査では（改発・向後，2018），男女ともに，お互いに助言や援助が得られ，お互いに温情の気持ちがある家族特性に育った者ほど結婚に望みをもっています。そして，男子大学生は円満な家族環境にいる者ほど，女子大学生は家族がお互いを理解する環境にいる者ほど，「将来子どもが欲しい」「結婚すると幸福になれる」と考えています。また，両親が二人そろっての外出をすることが多く夫婦喧嘩が少ない方が，子どもは結婚を希望しやすくなっています（斎藤，2012）。

　また，女子大学生は，母親との信頼関係が高いほど結婚への期待が大きく（井梅，2019），そして，母親とのコミュニケーションが親密であるほど結婚への期待が大きいことが明らかになっています（今川，2017）。母と娘は，性の類似性が親密さと関連しており（Fingerman, 2001; Suitor & Pillemer, 2000），多くの研究で，母と娘の強い愛情の結びつきと信頼が報告されています（藤原・伊藤，2007；Suitor & Pillemer, 2006）。ゆえに，娘は，仲が良く信頼する母親をロールモデルとして将来の自身を重ねることで，結婚への期待を強めている

のではないかと思われます。

　伝統的結婚観である「夫は外で働き妻は家庭を守るべき」「男性は結婚しないと一人前だと言えない」「結婚するのは当たり前だと思う」等については，男子大学生の方が女子大学生よりも，より強く伝統的結婚観をもっています（今川，2017）。また，女子大学生のうち，母親の過去の恋愛話を聞いた経験のある者はない者より強く伝統的結婚観をもっています。その理由として，女子大学生が母親の過去の恋愛話を聞く中で，女性にとっての恋愛や結婚についての考えを深め，それが伝統的結婚観を強める要因になっているのではないかと思われます（今川，2017）。時代とともに伝統的結婚観が徐々に薄れていく中で，それでもまだ若い世代には従来の伝統的結婚観が根強く残っているようです。

　このように，家族環境や親の夫婦関係は若者の結婚観にさまざまな影響を与えています。しかし，近年の社会変動に伴い，子にとって親が生き方の指針にはもはやなりえなくなってきています。結婚に対する意識も時代とともに変化してきています。結婚の形態も多様化してきて，まだ僅かながらも事実婚，別居婚などを選択するカップルもいれば，わが国ではまだ認められてはいませんが同性同士の結婚も他の国々では徐々に認められてきています。ライフコースの多様化に伴い（渡邉・香川，2019），これからどういう生き方を選択していくのかを若者は問われることになります。

[3] 結婚への志向性の低下

　国立社会保障・人口問題研究所（2017）によれば，いずれは結婚するつもりと考える未婚者の割合は，2015年では男性85.7％，女性89.3％で高い水準にあります。しかしながら，平均初婚年齢は年々上昇しており晩婚化が進み，「結婚適齢期」という言葉は聞かれなくなってきました。かつては，ほとんどの人が結婚し皆婚社会といわれていたわが国ですが，近年は結婚を当然とする規範が弱まり，結婚は個人の自由意志による選択肢の1つとして認識されるようになってきています。

　自由な恋愛ができる時代でありながら，未婚者が結婚の意思があるにもかかわらず独身でいるのは，どうしてなのでしょうか。国立社会保障・人口問題研究所（2017）によれば（図3-8），結婚しない理由として，男女ともに「自由さ

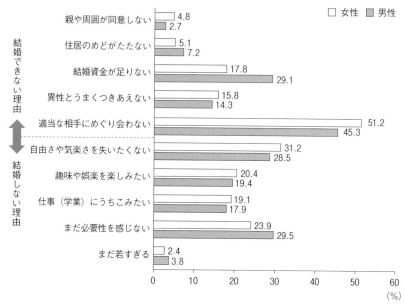

図3-8　独身にとどまっている理由（国立社会保障・人口問題研究所（2017）より作成）
　　　　（注）対象者：25〜34歳の未婚者。

や気楽さを失いたくない」「まだ必要性を感じない」「趣味や娯楽を楽しみたい」
を挙げています。結婚すると行動や生き方などを束縛されてしまうという未婚
者の意識が垣間見えます。「自由さや気楽さを失いたくない」は，女性の方が
男性より割合が高く，結婚をすれば家事や育児などの負担が増え自由がなくな
り気楽ではいられなくなることを予測しているがゆえにさほど結婚に対し積極
的になれないのであろうと推測されます。また，近年，結婚や出産後も仕事を
続けたいと希望する未婚女性は増加傾向にあるものの，現実には仕事と家庭の
両立が難しいことも女性が結婚をためらう要因の1つになっていると思われま
す。

　しかし，未婚者が結婚に消極的な理由はそれだけではありません。結婚でき
ない理由として，男女ともに「適当な相手にめぐり会わない」を挙げ，男性は
「結婚資金が足りない」を挙げています。見合い結婚から恋愛結婚へと移行し
た現在，未婚者は恋愛のきっかけをつかむ場所や異性との出会いのタイミング

をなかなか得られないでいます。異性との自然な出会いが困難になっている中，未婚者は，異性との出会いをただ待っているだけではなく，自分の周囲に結婚相手を探していることを開示して，出会いのチャンスを求めています。内閣府（2015）によると，出会いのために行いたいこととして，「友人に紹介を頼む」47.3％，「合コンやパーティに行く」29.2％の割合になっています。

　また，結婚資金の不足は，経済的困難を意味しています。わが国は，1990 年代後半ぐらいからの非正規雇用の増加や正社員であっても低賃金で昇給がなかなか望めず，経済的な理由で結婚に消極的にならざるをえない若者が増えています。また，2020 年にコロナ・パンデミックが起こったことによりさらに追い打ちをかけるように，雇用状況は悪化してきています（厚生労働省，2021）。将来の経済的不安だけでなく，結婚式や新婚旅行といった結婚資金さえ満足に準備できずにいる現状では，結婚することをいくら希望しても，結婚がかなわないまま年齢を重ねていく未婚者が今後も増加していくのではないかと懸念されます。

　結婚の問題は個人の問題であることには違いないのですが，いずれは結婚したいと望む未婚者の増加は今や社会問題でもあります。地方の結婚難は深刻で，自治体が結婚支援に乗り出しているところもあります。また，経済的な理由によって結婚ができない未婚者のためには，何らかの社会的支援が必要だと思われます。しかし，晩婚化・未婚化が少子化の要因として指摘されているにもかかわらず，現状は家族形成のための支援対策は十分ではありません。

コラム **3**　ストーキング

　近年，ストーカー被害による犯罪が増え，マスコミでもたびたび取り上げられるようになってきました。警視庁（2021）によると，2020年におけるストーカー行為等の相談件数は1,232件で，ストーカー行為者の年齢は20歳台，30歳台が5割を超えています。また，ストーカー行為者と被害者との関係は，交際相手・元交際相手が最も多く全体の51.9%，ストーカー行為の形態は，つきまとい等38.5%，面会・交際要求27.1%，無言・連続電話等13.3%の割合でした。そして，ストーカー被害の相談者は全体の81.5%が女性で，年齢は20歳台，30歳台が全体の6割を超え，若年女性の被害が多発しています。

　大学生のストーカー被害に関する調査（宮村，2005）によると，男子大学生10.8%，女子大学生44.1%がストーカー被害を経験し，男子大学生は「軽いつきあいの友人」や「知り合い」に一方的に恋愛感情をもたれストーカー行為に発展する場合が多いのに対し，女子大学生は「見ず知らずの者」と「元交際相手」からストーカー行為を受ける傾向が男子大学生よりも強く，そして，自ら恋愛関係を解消する際に，相手に自分の感情の変化を伝えることなくすべての接触を避けた場合にストーカー被害を受けやすくなっています。

　どのような被害を受けるのかについては，例えば，若年女性のストーキング被害の特徴として，①大量メールや連続電話などによる関係侵害的な被害が顕著である，②配偶者との関係崩壊では，ものを投げたり壊したりする，身体的暴力をふるうなどが長期間にわたり発生する，③交際相手との関係崩壊では，復縁を迫る，精神的暴力をふるう，強迫的な電話やメールを送るなど比較的短期間に多くのことが発生する，④非親密関係者からの被害は待ち伏せや尾行，贈り物をするなどがあり，中でも学校関係者からの被害は中傷やネット書き込みで長期化しやすいことが挙げられます（島田，2017）。

　ストーキングは，親密な関係にあった当事者間のみならず，親密な関係がない見ず知らずの者が含まれます。そして，全く何の落ち度もない被害者が犯罪に巻き込まれ，時には命を落としてしまうケースが発生しています。内閣府（2021）の調査によると，特定の相手（交際相手・元交際相手，職場・アルバイトの関係者，通っていた（いる）学校・大学の関係者など）からの執拗なつきまとい等の被害を受けた人の4人に1人は命の危険を感じたことがあると報告しています。

　ストーカーは，自分を切り捨てた相手を恨み，不幸に陥れたいという欲求をコントロールすることができない恨みの中毒症状の状態にあります（福井，2014）。そして，ゆるぎなき被害者感情，激しい思い込み，愛憎入り混じった執拗さ，飛躍した衝動性などが一貫してみられるという特異性をもっています（福井，2016）。

　ストーキングによる被害の深刻化・長期化を防ぐためには，司法や医療といった専門機関の支援が重要となります。

● 引用文献

天谷祐子（2007）．恋愛経験・恋人の有無による恋愛観・一体感・信頼感の変動—大学生を対象として　東海学園大学研究紀要，*12*，17-31.

千葉県健康福祉部児童家庭課（2021）．デートDVに関する大学生意識等調査報告書

Coleman, J. C., & Hendry, L. B.（1999）．*The nature of adolescence.* London: Routledge.（コールマン，J. C., & ヘンドリー，L. B.　白井利明・若松養亮・杉村和美・小林　亮・柏尾眞津子（訳）（2003）．青年期の本質　ミネルヴァ書房）

遠藤智子（2007）．デートDV—愛か暴力か，見抜く力があなたを救う—　KKベストセラーズ

Erikson, E. H.（1950）．*Childhood and society.* New York: Norton.（エリクソン，E. H.　仁科弥生（訳）（1977）．幼児期と社会1　みすず書房）

Erikson, E. H.（1959）．*Identity and the life cycle.* New York: International universities Press.（エリクソン，E. H.　小此木圭吾（訳編）（1973）．自我同一性—アイデンティティとライフサイクル—　誠信書房）

Erikson, E. H.（1968）．*Identity: Youth and crisis.* New York: Norton.（エリクソン，E. H.　中島由恵（訳）（2017）．アイデンティティ—青年と危機—　新曜社）

Fingerman, K. L.（2001）．A distant closeness: Intimacy between parents and their children in later life. *Generations, 25,* 26-33.

藤原あやの・伊藤裕子（2007）．青年期後期から成人期初期にかけての母娘関係　青年心理学研究，*19,* 69-82.

福井裕輝（2014）．ストーカー病—歪んだ妄想の暴走は止まらない—　光文社

福井裕輝（2016）．ストーカー加害者の病理と介入　刑法雑誌，*55,* 471-482.

広島県健康福祉局こども家庭課（2021）．若年層におけるデートDVに関する意識調査報告書

堀毛一也（1994）．恋愛関係の発展・崩壊と社会的スキル　実験社会心理学研究，*34,* 116-128.

伊田広行（2010）．デートDVと恋愛　大月書店

今川真治（2017）．恋愛や結婚に関する親とのコミュニケーションと大学生の結婚観との関連　広島大学大学院教育学研究科紀要　第二部，*66,* 213-222.

井ノ崎敦子（2016）．親密な関係における暴力—デートDVについて学ぶ—　青野篤子（編）　アクティブラーニングで学ぶジェンダー—現代を生きるための12の実践—（pp.85-97）　ミネルヴァ書房

井ノ崎敦子・葛西真記子（2020）．大学生の恋愛の発達と自己の発達との関連—自己心理学的観点による分析と恋愛相談との関連—　鳴門教育大学学校教育研究紀要，*34,* 1-8.

板垣　薫（2008）．青年期の心理的離乳とアイデンティティのための恋愛との関連　日本青年心理学会大会発表論文集，*16,* 72-73.

井梅由美子（2019）．大学生の結婚観，および子育て観について—自身の被養育体験，父母との関係性，対象関係に着目して—　東京未来大学研究紀要，*13,* 11-21.

改發有香・向後千春（2018）．大学生の結婚観と結婚式観における家族環境との関連性　日本心理学会第82回大会発表論文集，103.

神薗紀幸・黒川正流・坂田桐子（1996）．青年の恋愛関係と自己概念及び精神的健康の関連　広島大学総合科学学部紀要IV理系編，*22,* 93-104.

警視庁（2021）．ストーカー事案の概況（令和2年）　Retrieved from https://www.keishicho.metro.tokyo.lg.jp/about_mpd/jokyo_tokei/kakushu/stalker.html（2021年10月15日）

北原香緒里・松島公望・高木秀明（2008）．恋愛関係が大学生のアイデンティティ発達に及ぼす影響　横浜国立大学教育人間科学部紀要：教育科学，*10,* 91-114.

国立社会保障・人口問題研究所（2017）．現代日本の結婚と出産—第15回出生動向基本調査（独

　　身者調査ならびに夫婦調査）報告書—　Retrieved from https://www.ipss.go.jp/ps-doukou/
　　j/doukou15/NFS15_reportALL.pdf（2021年10月15日）

高坂康雅（2011）．"恋人を欲しいと思わない青年"の心理的特徴の検討　青年心理学研究, *23*,
　　147-158.

高坂康雅（2018）．魅力を感じる異性像の分析　日本心理学会第82回大会発表論文集, 106.

厚生労働省（2021）．令和3年版厚生労働白書—新型コロナウイルス感染症と社会保障—
　　Retrieved from https://www.mhlw.go.jp/content/000810636.pdf（2021年10月15日）

明治安田生活福祉研究所（2016）．20〜40代の恋愛と結婚—第9回 結婚・出産に関する調査より
　　—　Retrieved from https://www.myri.co.jp/research/report/pdf/myilw_report_2016_01.
　　pdf（2021年10月15日）

明治安田生活福祉研究所（2017）．25〜34歳の結婚についての意識と実態—男女交際・結婚に関
　　する意識調査より—　Retrieved from https://www.myri.co.jp/research/report/pdf/myilw_
　　report_2017_02.pdf（2021年10月15日）

南　学（2014）青年の「恋愛離れ」における社会的閉塞感の影響　三重大学教育学部研究紀要, *65*,
　　207-213.

宮村季浩（2005）．大学生における恋愛関係の解消とストーカーによる被害の関係　学生相談研究,
　　26, 115-124.

内閣府（2015）．平成26年度結婚・家族形成に関する意識調査報告書　Retrieved from https://
　　www8.cao.go.jp/shoushi/shoushika/research/h26/zentai-pdf/index.html（2021年10月15
　　日）

内閣府（2021）．男女間における暴力に関する調査報告書〈概要版〉　内閣府男女共同参画局
　　Retrieved from https://www.gender.go.jp/policy/no_violence/evaw/chousa/pdf/
　　r02danjokan-gaiyo.pdf（2021年10月15日）

内閣府男女共同参画局　デートDVって？　Retrieved from https://www.gender.go.jp/policy/
　　no_violence/date_dv/index.html#container　（2021年10月15日）

中井大介（2020）．恋愛関係への動機づけと恋人に対する信頼感および親密性の関連　パーソナリ
　　ティ研究, *29*, 78-90.

認定NPO法人エンパワメントかながわ（2016）．デートDV白書VOL.5 全国デートDV実態調査
　　報告書

大野　久（1995）．青年期の自己意識と生き方　落合良行・楠見　孝（編）　講座生涯発達心理学
　　4　自己への問い直し—青年期—（pp.89-123）　金子書房

さいたま市（2020）．若年層における交際相手からの暴力（デートDV）に関する意識・実態調査
　　報告書

斎藤嘉孝（2012）．定位家族の親夫婦の関係性が若者の結婚への態度に与えうる影響—大学生を対
　　象とした量的調査の結果より—　法政大学キャリアデザイン学部紀要, *9*, 369-379.

島田貴仁（2017）．日本における若年女性のストーキング被害—被害者・加害者の関係と親密な関
　　係者間暴力に注目して—　犯罪社会学研究, *42*, 106-120.

Sugawara, Y., Katsurada, E., Sibata, S., & Terui, N.（2003）. Dating violence, bullying at school
　　and family-of-origin violence among Japanese college students.　秋田大学教育文化学部教育
　　実践研究紀要, *25*, 83-87.

Suitor, J. J., & Pillemer, K.（2000）. Did mom really love you best? Developmental histories,
　　status transitions, and parental favoritism in later life families. *Motivation and Emotion,*
　　24, 105-120.

Suitor, J. J., & Pillemer, K.（2006）. Choosing daughters: Exploring why mothers favor adult daughters over sons. *Sociological Perspectives, 49*, 139-161.

寺島　瞳・宇井美代子・宮前淳子・竹澤みどり・松井めぐみ（2013）．大学生におけるデート DV
　　の実態の把握―被害者の対処および別れない理由の検討―　筑波大学心理学研究, *45*, 113-
　　120.

豊田弘司（2004）．大学生における好かれる男性及び女性の特性―評定尺度による検討―　奈良教
　　育大学教育実践総合センター研究紀要, *13*, 1-6.

渡邉大輔・香川めい（2019）．ライフコース―私たちの人生は多様化したのか―　小林　盾・川端
　　健嗣（編）　変貌する恋愛と結婚―データで読む平成―（pp. 240-265）　新曜社

ワーク3

■ 1．恋愛について考えてみましょう。グループで話し合い，他の人のいろい
　　ろな考えに耳を傾けてみましょう。

[1] あなたの恋愛観はどのようなものでしょうか。

---

[2] 近年，恋人を欲しいと思わない人が増えてきています。この状況について
あなたはどのように考えますか。

---

[3]「交際相手からDVを受けている」と友人から打ち明けられたとき，あなた
はどのように対応するでしょうか。

---

[4] デートDVのない健康的な恋愛関係を築くために，私たちはどのようなことができるでしょうか。

■ 2．結婚について考えてみましょう。グループで話し合い，他の人のいろいろな考えに耳を傾けてみましょう。

[1] あなたの結婚観はどのようなものでしょうか。

----

[2] 若者が結婚について消極的であるという現状について，あなたはどう考えますか。

----

[3] わが国ではまだ認められていませんが，LGBT（性的マイノリティの総称）の人たちの結婚についてあなたはどのように考えますか。

第 4 章　親になるということ

　青年期を経て成人期になると，多くの人は配偶者と出会い，家庭を築くことが発達課題となってきます。エリクソン（Erikson, E. H.）が指摘したように，同性の友人との出会いを深めていく過程を経て，特定の他者と出会い親密な関係を結ぶことができるようになって新しい家庭をもつようになります（第3章参照）。そして，パートナーとの間に子どもが生まれたら，また新しい家族がスタートすることになります。

　子どもの発達とともに親も成長します。生まれたばかりの赤ちゃんが，新しい世界に触れて1つひとつ生きる術を身につけていくように，親も生まれたばかりの赤ちゃんを育てながら，親としての役割を発達させていくのです。

　大家族から核家族化が進み，子どもを育てる環境も大きく変化してきました（p. i, 図1参照）。図4-1からは近年になるほど出産を機に退職せず，就業を継続する女性が増えてきていることがわかります。つまり，かつて得られた祖父母世代や親世代からの支援なしに，仕事をしながら子どもを育てる母親が多くなっています。それに伴い，父親の姿も変化してきています。

　この章では，親としての役割の発達と，その役割遂行の中で直面する課題について考えてみましょう。

① 子どもを育てるということ

[1] 母性の発達─伝統的母性観

　かつて，子どもが生まれたら親になるということは，ある意味当たり前のこととして理解されてきました。特に，女性は，妊娠し出産したら自然に**母親**になれると思われていました。**母性**は，子どもを産んだ母親には生得的に備わっ

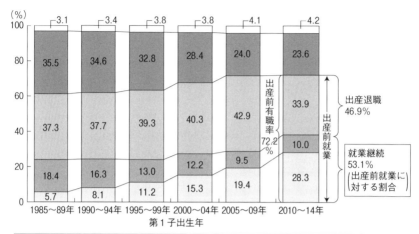

(備考)
1. 国立社会保障・人口問題研究所「第15回出生動向基本調査（夫婦調査）」(2016年)。
　(赤枠部分については内閣府男女共同参画局にて記入。)
2. 第1子が1歳以上15歳未満の子を持つ初婚どうし夫婦について集計。
3. 出産前後の就業経歴
　就業継続（育休利用）—妊娠判明時就業～育児休業取得～子ども1歳時就業
　就業継続（育休なし）—妊娠判明時就業～育児休業取得なし～子ども1歳時就業
　出産退職—妊娠判明時就業～子ども1歳時無職
　出産前から無職—妊娠判明時無職～子ども1歳時無職

図 4-1　出産前有職者に関わる第1子出産前後での就業状況（内閣府男女共同参画局, 2019）

ているものであるとして，「母親であることの自覚に基づく出産・分娩・育児への態度や価値観」として定義されていました（花沢，1992）。

　このような母性観に加え，わが国ではこれまで，**父親**には労働，母親には家庭を管理し将来の労働力を産み育てる役割が期待されており，子どもの成長にとっては母親がかけがえのない存在であり，自分を無にして子どもに尽くす母親の姿が日本の特徴であるといわれてきました。これまで母親の愛情は絶対的なものだとされてきましたが，母親にも子どもへの複雑な感情があることが，大日向（1988）の研究によって明らかになりました。そして，その研究では，伝統的母性観による母親の献身的な愛に子どもが守られてきた半面，それが子どもの自立を阻害し，母と子の一体感を病的なまでに高めてしまう危険性を持ち合わせていることも指摘されました。また，同研究では，河合（1976）がユ

ング心理学の観点から指摘した子どもを飲み込んでしまうという母性の否定的
側面も取り上げており，自己犠牲や子どもへの献身が，母親の愛情による母性
としてすべて肯定的にとらえられてきたことを見直す必要があることを主張し
ました。まだまだ伝統的な母性観に支えられた社会の中で，自分が母親として
どのように子育てをしていくかということが現代の女性にとって大きな課題で
あるといえます。

　一方，最近の生理学的な研究によると，養育に関連する脳の部位の発達が男
性でもパートナーの妊娠初期から始まっていることが示唆されています（田中,
2021）。近い将来，母性という用語がなくなる可能性も考えられます。

[2] 親として育つということ─親の未熟さ

　以前は大家族の中で，祖父母世代から親世代へ子育ての知識や方法が伝達さ
れることで子育てに関する不安は解消されていました。核家族化が進む中で，
若い親世代は出産や子育てに関する知識や準備がほとんどないまま親となり，
その情報源を祖父母世代や親世代からの伝達ではなく，育児雑誌等に求めるこ
とになりました。1980年代には育児雑誌が次々に創刊され，プレママと呼ばれ
る母親たちは，妊娠と同時に雑誌の購読者となり，2000年代になると，イン
ターネットの発達に伴い多くの情報は雑誌ではなくインターネットによって収集
する時代となりました。今や，ほとんどの親は出産や子育てに関する情報をイ
ンターネットに頼っているといっても過言ではありません。しかし，たとえイ
ンターネットに情報があふれていても，小さな子どもに触れる機会がほとんど
ない，つまり子どもの成長に関わる実体験のないまま親となることは，子育て
に大きな不安を呼び起こすことになります。親になる喜びの一方で，親になる
未熟さを抱えたまま，親としての役割をスタートさせることになっているとい
えるでしょう。

[3] 親準備性

　親は子どもが生まれて初めて親としての役割がスタートするわけではないこ
とは，**親準備性**として指摘されています。親準備性は，情緒的・態度的・知的
に親としての役割を果たすための十分なレディネスとして必要であり（井上・

深谷，1983），心理的，行動的，身体的に育児行動を行うために必要な資質を形成していく，あるいは形成された状態（久保田・渡部，1999）として定義されました。

　岡本・古賀（2004）は，「子供が将来家庭を築き，経営していくために必要な養育，家族の結合，家事労働，介護を含む親としての資質，及びそれが備わった状態」と定義しています。彼らは，大学生と大学院生を対象に，この定義に基づいた調査を行ったところ，家庭での手伝い経験があり，子どもや高齢者に対する学習をしているほど親準備性が高いという結果を得ています。特に手伝い経験については，その有無，頻度，満足感，貢献度，好き嫌いが親準備性に強く関連していることを見出しています。

　また，佐々木（2007）の大学生を対象とした研究からも，「乳児への好意感情」と「育児への積極性」の観点からの分析によって，乳幼児との接触経験や遊んだ経験について性差はなく，それまでの乳幼児との接触や世話の体験と，乳幼児への興味・関心や乳幼児への好意感情との相関の高さが報告されています。つまり結婚前の大学生の段階で男女ともに，乳幼児との接触や世話の体験が，その後の乳幼児への興味関心や好意感情に影響を与えているということになるのです。

　そのような中，中学校や高等学校の家庭科などの授業において乳幼児との触れ合い体験が実施されており，その効果について研究が進められています。永田・加納（2021）は中学校のキャリア総合選択授業における地域の子育て支援ルームと連携した授業が，中学生が就きたい職業や結婚相手，子育てについて考えるきっかけになっており，将来親となって子どもを育てたいと思うようになる中学生が増えていることを報告しています。このことは，中学校や高等学校の授業における触れ合い体験が，将来的な子育てへの意欲の向上に一定の成果を上げていることを指摘しています。一方で，実際の乳幼児に触れることで子育ての大変さ等ネガティブな印象をもつことも報告されていますが，かわいいだけではない乳幼児の姿を知り，より具体的な子育てに対するイメージをもつことにも意味があると思われます。

　このように，親になる以前からの日常における乳幼児との接触経験が，将来親になること，つまり親性の発達に影響を及ぼしているといえるでしょう。

2　親としての発達―親になるということはどういうことか

[1] 親になるということ

では，実際に親になるということは，どういうことなのでしょうか。

柏木・若松（1994）は，生涯発達の観点から「親となる」ことによって親にどのような人格的・社会的な行動や態度に変化が生じたかを検討しました。その結果，①考え方が柔軟になり精神的にタフになった，②自己をコントロールし他者と協調するようになった，③運命や信仰伝統について考えるようになった，④社会問題に関心をもつようになった，⑤生きがいを感じ自己の存在感を感じられるようになった，⑥自己の立場や考えを主張するようになった，という6つの次元において親となる前よりも自分が成長・発達していることを父親・母親ともに認めていました。

また，小野寺（2003）は，親になるプロセスを親になる前からとらえるために，第1子妊娠中の両親学級に来ている夫婦211組のうち，3年後にも回答を得られた68組の夫婦を対象にインタビューを実施して分析しました。その結果，「活動性」「情緒不安定」「怒り・イライラ」「養護性」「神経質」「未熟性」といった自己概念の本来的な側面は，親になっても男女ともに比較的安定していることが示されています。その一方で，親としての役割意識の変化には大きな性差があり，男性は父親になっても父親としての自分よりも，社会に関わる自分の割合が高いままであるのに対し，女性は社会に関わる自分が占める割合が低くなり，母親としての自分が占める割合が高くなっていることを見出しています。これは，社会に通底している性役割分業意識を反映しているといえます。しかし，父親の役割も稼ぎ手役割→道徳性の教師あるいは監督者→性役割モデル→新しい擁護的父親と変化してきています。

新しい父親像について，森下（2006）の研究によると，父親になってから変化したと感じる点については，「家族への愛情」「責任感や冷静さ」「子どもを通しての視野の広がり」「過去と未来への展望」「自由の喪失」の5因子が抽出されています。そして，父親になることに肯定的否定的に関わらず，夫婦関係の満足，子どもからの働きかけや子どもの態度に対する肯定的認識が育児への関

心を促し，育児への関心が高い父親ほど，子どもや家族への愛情，自分の人生への肯定的感情，責任感が高まる傾向があることを見出しています。

　柏木・若松（1994）の子ども・育児に関する感情・態度についての結果からは，「育児への肯定感」については母親と父親の有意差はありませんでしたが，「育児による制約感」については，母親の方が父親よりも有意に高く，母親が夫とともに育児をしているという連帯感がもてないときに育児不安が大きいという知見を再確認したと報告しています。また，「子どもは分身」であると思うのは父親の方が母親よりも有意に高かったと報告しています。これは，父親が育児に直接参加していないために，ひとりの主体として存在している子どもの具体的な姿が見えていないためではないかと考えられます。さらに，加藤他（2019）の研究によると「**親アイデンティティ**」の形成において，父親は子どもの世話を直接的に行う育児行動よりも母親に対して支援する間接的な育児行動が重要であることが示唆されています。これは父親にとっては，女性が経験する妊娠期における直接的な身体感覚や出産後の子育てではなく，母親へのサポートを通して親アイデンティティが形成されるということを意味しています。この結果の背景に，育児はもっぱら母親が担っている日本の社会の現状があるため，今後父親になることに社会全体が意識改革をしていくことが求められることになるといえます。

　男性育休制度が2022年度から改正されています。父親のアイデンティティは，仕事を継続することを前提として考えられていますが，父親も育児休業をとることで変化が生じてくることが予想されます。2020年度の取得率は約28％であり，5日未満でした。それが改正後はすべての事業主に対して，妊娠・出産を届け出た労働者に育休の取得を個別に働きかけることが義務付けられました。また，出生時育児休業も始まります。つまり，出産・育児を母親だけに任せたり，間接的なサポートにとどめたりするのではなく，父親自身も主体的に関わるべきであるという流れになってきたといえるでしょう。今後は，父親も母親も等しく親アイデンティティを発達させられるようになるかもしれません。

[2] 親としての発達プロセス―ガリンスキー（Galinsky, 1987）の発達段階

　ガリンスキー（1987）は，子どもをもって親としての変化が生じ，子どもと

表 4-1 親の発達段階
(Galinsky, 1987 をもとに作成)

親の発達	子どもの発達
イメージ形成期	胎児期
養育期	0歳～2歳
権威期	2歳～5歳
説明期	5歳～児童期
相互依存期	13歳～思春期
巣立ち期	高校・大学の頃

ともに成長していくことを親としての発達プロセスとして，エリクソンの成人期の発達プロセスに合わせて説明しています。親であることが成人の発達にどのように影響するのか，親の人生において子育てにどのような意味があるのか，親としてどのように発達するのかを理解していきましょう。

　ガリンスキー（1987）は，胎児から18歳までの子どもをもつ親228名のインタビュー調査から親の発達課題を明らかにしました。

① イメージ形成期

　妊娠がわかってから出産までの時期で，親になることをイメージしながら準備をしていきます。この時期の課題は，妊娠の事実を受け入れること，親になる心の準備をすること，出産の準備をすることです。まず，妊娠という事実を肯定的に受け入れ，まだ生まれていない子どもへの愛着を感じ，自分とは違う人格であることを受け入れていきます。自分がなろうとする親のイメージを形成し，非力な子どもを産み育てるという行為を通して，親としての喜びや自信を獲得していく時期です。

② 養 育 期

　子どもが0歳～2歳の時期で，出産や赤ちゃんとの生活，新米の親としての自分のイメージを現実と比較している時期でもあります。赤ちゃんの愛着を形成している時期で，エリクソンの理論でいえば基本的信頼感の課題と取り組む時期です（第1章参照）。子どもが，愛情深い世話と保護のもとで愛されている自己と世界への信頼感を獲得すべき時期である一方で，両親にとっては，親

になったということを受け入れ，どういう親になりたいかということと直面しながら，アイデンティティを確かなものにしていく時期です。日々の育児の中で，子どもの本来もっている気質と触れ合いながら，これまでの自己の喪失，縮小，延期を体験し，自己変革をしていかなければなりません。予想以上に育児から求められることが多く，それまでに培ってきた経験との違いを実感し，喜びと不安の戸惑いの中で過ごすとガリンスキーは報告しています。

③ 権 威 期

　子どもが乳児期を経て，幼児期に入る2歳〜4・5歳ごろを指します。親としてどのような権威をもって，どのようなルールを与えていくか判断し，子どもをしつける時期といえます。子どもは少しずつ親から離れ，自立できるようになりますが，子ども自身がいつもいい子であるわけではないので，「ダメ」と言うことが多くなります。親は子どもに限界を知らせ，それを守らせることが必要となるのです。

　堀口（2006）によれば，5歳児を育てる親の子どもに対する養育態度は，①優しい声で話しかける〈あたたかさ・受容的態度〉，②怒鳴ってしまったり，思わず子どもが傷つくような対応として〈厳格なしつけ・非受容的態度〉，③思わずたたいてしまうような〈体罰・拘束を伴うしつけ的養育態度〉という特徴があるとしています。子どもに対して受容的な態度をとる一方で，受容的でない養育態度をとることもみえてきます。これは，自我が芽生え，自分の意志で行動できるようになる5歳段階での親の養育態度の特徴をいえるでしょう。

　エリクソンは，子どもが2〜4・5歳である時期の課題を「自律性」「主体性」であるとしていますが，権威による押しつけではなく，子どもにも意志があることを理解しながら，子どもが成長するにつれて親も変わらなければならないと述べています。子どもは親とは別の周りの人との関わりの中で，自分の世界を広げていき，親との分離と再結合を繰り返していきます。そのようなときに親は子どもが自分の延長ではないことを確信させられるのだとしています。

④ 解釈期，説明期

　子どもが5歳〜児童期の終わり頃には，学校に入学することを契機にして，

一段と自分の周りの世界を広げていきます（第2章参照）。この時期の親は，親性を「再解釈」してどこに修正が必要か，もっと将来の親性の「イメージ」を形成するために評価することから始まるとしています。これまでの親のあり方や親子関係を問われ，次の段階へ進むために振り返り，親としての自分を見つめなおさなければなりません。子どもの成長に伴い，自分が良い親かどうかを評価しなければならないということです。エリクソンによるこの時期の子どもの発達課題は「勤勉さ」の獲得であり，親は子どもの個性を受け入れるという課題に直面します。子どもの言うことに対して常に事実を説明し，問題の解決法を伝えていくことが求められるのです。子どもは親とは別の領域を切り開いて，より独立的に振る舞い，友だちとの関係を大切にしていく時期になるため，親は，親子の距離の調整や子どもの友人との関係性の調整，子どもの自立の見極めや応援をどのようにするかが課題となります。

⑤ 相互依存期

　子どもが小学校を卒業した13歳〜思春期において，親は子どもの急激な変化に戸惑う時期です（第2章参照）。どんどん成長して新しい側面を見せるわが子に慣れる困難に直面します。親自身は以前の自分の親としてのイメージを調整しなければならないことに気づき，親としての統制がきかなくなってくる時期でもあります。10代の子どもの発達課題は，「アイデンティティ」の獲得となり，心身の急激な発達とともに自らの性に対応する課題にも直面していきます。この時期の親は，わが子のセクシュアリティを受容すると同時に，親自身も自らの中年である現実も受容せねばならないことになります。

　親子の新しい関係は対極に見える要素である〈距離と親密さ〉〈別離と結合〉で構成されており，親は自分を再定義する時期となります。

⑥ 旅立ち期，別離期

　子どもが高校を卒業し，大学から就職，結婚を契機に親の家から独立する子育ての最終段階になります。この段階の課題は親性の体験の全体を通して，実際にどういう旅立ちになるのか自らイメージしてそれに適応していくことで，成長した子どもをもつ親としてのアイデンティティを再定義することです。そ

れは，親であることが縮小される部分と残される部分を見つめていくようにな
る時期でもあります。そして，パートナーである夫婦の関係を再確認してカッ
プルとしてのアイデンティティを再定義する時期でもあります。

　しかし，親としての有様を十分であったか評価しながら，親としていつまで
も卒業できない場合もあります。ガリンスキーは，生涯にわたっていつまでも
子どものことを愛し，気遣い，心配して，その思いを止めることができないま
ま，親は子どもをわが身の分身でありながら，一個の別の人格として尊重すべ
きことを学んでいくのだとしています。そして，親はその命に責任をもつこと，
他者を受容すること，寛大であることなど，成熟した大人としての必要な資質
を獲得しつつ生涯にわたる人格的な成長をするとしています。

③ 多様な家族における親の発達に関する課題

　親になる発達プロセスや心理的課題について考えてみると，多様な家族にお
ける親の発達の形態がみえてきます。一般的な健康な子どもを育てる親の発達
プロセスだけではなく，その時代背景やそれぞれの家族の状況によっても親に
なるための課題や支援を考える必要があります。

[1] 虐待と保護者

　文部科学省（2019）は，**虐待**を子どもに対する最も重大な権利侵害であると
し，保護者による虐待は，家庭内におけるしつけと明確に異なり，親権によっ
て正当化されるものではないとしています。核家族化の進んだ現代において，
子育ては専業主婦の場合一人自宅に残されて専念しなければならないことが多
く，父親不在のまま，1日中子どもとだけの生活を強いられる母親は，孤軍奮
闘の子育てを強いられ，その育児不安やストレスが虐待につながると報告され
ています。しかし，虐待は母親だけではなく父親にも関連しています。西澤
（2017）によると，虐待の発生要因は，親の個人的な要因と社会からの孤立要
因があると報告されています。親の個人的な要因としての自己中心的な性格や
精神疾患や親自身の虐待経験などがあり，心理的な特徴として，①体罰肯定感，
②自己の欲求の優先傾向，③子育てに対する自信喪失，④被害的認知，⑤子育

てに対する疲労・疲弊感，⑥子育ての完璧志向，⑦子どもに対する嫌悪感・拒否感が挙げられています。また，社会からの孤立要因としては，先に述べたように，父親不在や支援者の不足，相談機関の不足などが指摘されています。かつては注目されなかった保護者支援も，虐待児童への支援とともに，保護者支援を視野に入れた新たな虐待対応の手引き（厚生労働省，2013）や支援モデル（厚生労働省，2016）が提供されるようになってきました。

[2] 障害を抱えた子どもの親になること

　2019 年に公立小学校・中学校・高等学校に在籍する児童生徒のうち，通級による指導を受けている児童生徒は 134,185 名との報告（文部科学省）があります。このうち，発達障害に分類されている児童生徒数は 65,000 人を超えています。そこにはその子どもを育てている親がいます。

　幼稚園や保育園，小学校のときに「気になる子」といわれ，園や学校から受診を勧められて児童精神科医を訪れる保護者が，それぞれの子どもの特徴とどのように付き合うのか。そして，その障害を受容し，新しい生活を始めるまでのプロセスはどのようなものか。また，その後子どもが学校を卒業して社会人になっていくプロセスに親としてどのように向かい合っていくのか。現在，さまざまな観点で研究が進められていますが，現段階では親としての育ちについては研究が十分ではありません。発達障害だけではなく，身体的な障害についても障害受容は難しい課題を含んでいますが，親にとって障害をもつ子どもとの生活が喜びとなるのか苦しみとなるのかは，親のパーソナリティと社会的支援が関わってくるといえるでしょう（第 8 章参照）。

[3] 里親として親になること

　虐待が起こると，子どもの保護を目的に親と子どもが引き離される可能性があり，保護された子どもが親元に戻ることができないときに第二の保護者としての**里親**によって育てられます。親の虐待により引き取られた里子は，新しい家庭の中で育てられ，安全な家族関係の中で育つことが保障されます。しかし，里親はいつか実子でないことを里子に知らせることと向かい合わねばなりません。そのように，里親と里子との愛着形成には，多くの不安や困り感が存在し，

時間がかかることが明らかにされています（河野・溝口, 2015）。また, 虐待被害の影響による対人関係の問題や学力の問題で生きづらさを抱えている里子を育てる際の不安と養育上の問題も指摘されています（永江他, 2021）。

　一方, 子どもに恵まれないカップルにとって里親になることは, 親としての成長が期待されます。また, 災害後に両親を亡くした子どもたちのために里親になる事例もありますが, ここにも里親としてのプロセス（山田, 2021）があります。子どもが里親のもとで本来の信頼できる大人との間に関係を形成していくプロセスを丁寧にみていく必要があるとともに, 里親としての成長のプロセスがあることも忘れてはいけません。

[4] 性的マイノリティの子どもの親になること

　これまで社会的な理解が得られにくかった**性的マイノリティ**の問題は, 性同一性障害がWHOの疾病分類から外され, さまざまな環境で活躍する当事者の発信が増え, それぞれの生き方として認めらえるようになってきました。子どもが性的マイノリティについて悩むとき, 親としてどのようにそのことを受け止めていかなければならないのか。親として子どもの悩みを受け止め, さらに学校をはじめ社会の中でその問題について受け止めてもらえるよう動くことが求められています。

　現在, 性的マイノリティの問題は, 学校段階での相談については正式に相談できるようになりましたが, 幼稚園・保育園段階の相談に対応する法律はまだできておらず, 親子で苦しまなくてはならない現状が続いています。性別の変更を望む子どもからカミングアウトを受けた親（荘島, 2010）, またXジェンダーのような男女に当てはまらない性自認に苦しむ子どもからのカミングアウトを受け入れる親についても研究が進められています（武内, 2021）。また, 一方で, 親が性的マイノリティで, 同性カップルやトランスジェンダーの親のもとに育てられる子どもも出てきています。そのようなときも親としての成長が求められますが, その課題についても今後研究が深められ, 安心して子育てをできる支援が求められます。

　以上, いくつかの形の家族における親の発達プロセスについて考えてきまし

たが，実に多くの親の成長の可能性があることがわかります。もちろん一人ひとりの子どもたちの成長が違ってくるので，親の成長をひとくくりに述べることは難しいのですが，共通する点も多くあります。これからの家族心理学の中で，子どもだけではなく親自身の成長，そしてそれに必要とされている支援をさらに考えていくことが求められるのではないでしょうか。

コラム **4**　イクメンについて考える―未来の父親に伝えたいこと

　世間では，積極的に子育てに関わっている父親を「イクメン」と呼びます。「イクメン」という言葉は，2000年頃につくりだされ，2010年厚生労働省による男性の子育て参加や育児休業取得促進などを目的とした「イクメンプロジェクト」の始動をきっかけに一気に浸透したといわれます。イクメンプロジェクトでは，イクメンを「子育てを楽しみ，自分自身も成長する男性のこと。または，将来そんな人生を送ろうと考えている男性のこと」と説明しています。

　筆者自身は3児の父親ですが，保育園の送迎や，お風呂当番，おむつ交換，一緒に遊ぶなど，可能な限り子育てに関わろうとしてきました。しかし，子育てというのは子どもとの関わりだけを指すものでありません。第3子が生まれる前に初めて丸1日乳幼児2人と3人で過ごした日の経験は忘れられません。自分の時間が一切ない。しかも子どもは言うことを聞かない。改めて妻の大変さを実感しました。子育てには，子どもとの関わりだけでなく「家事」や予期せぬトラブルに対応することなども含まれます。特に家事をしながら子どもの世話をすることの大変さは，仕事の大変さとは全く質の違う大変さがあります。

　子育ては非常に楽しいものです。しかし，配偶者や周りの人のサポートがなければ，楽しむ余裕もなくなってしまいます。女性は出産後，すぐに元のように生活できるわけではありません。ホルモンの急激な変化，出産，育児によるストレスや疲労から産後うつになる方もいます。特に第1子の場合，育児に関する不安はとても高くなります。父親になる準備期間中に，上記のような母親の出産後のリスクは知識としてもつべきだと思います。こうしたリスクは，父親の育児休業制度が推進される理由の1つになっています。

　男性の育児参加，家事参加の割合は上昇しているものの，依然として母親が中心の子育てになっています（第5章参照）。子育ては母親父親のどちらかがやるものではなく，夫婦間で協力してやっていくものです。家事も含めやれることをやる，夫婦間でコミュニケーションをとって情報共有する，お互いに労う，など夫婦間で子育てが楽しめるようにするための工夫はたくさんあります。イクメンプロジェクトのサイト内に父親の育児体験記が掲載されています。どんな工夫ができるか，どんな苦労があるか，など参考になるかと思います。

　子育ては，これまで味わったことのないような感動や，自分自身の成長にもつながる貴重な経験です。イクメンを目指すだけでなく，自分の家族が安心して楽しく過ごせるために何ができるかを常に考えることができる父親を目指してもらいたいと思います。ちなみに，どんなに育児に参加したとしても周囲に自分をイクメンだと言わないほうが良いです。妻からすればまだまだと言われる場合が多いので…。

●参考文献
厚生労働省　イクメンプロジェクトHP　Retrieved from https://ikumen-project.mhlw.go.jp/（2021年10月28日）

●引用文献

Galinsky, E.（1987）. *The six stages of parenthood*. Boston, MA: DaCapo Press.

花沢成一（1992）．母性心理学　医学書院

堀口美智子（2006）．乳幼児をもつ夫婦関係と養育態度　家族社会学研究, *17*(2), 68-78.

井上義朗・深谷和子（1983）．青年の親準備性をめぐって　周産期医学, *13*(12), 2249-2252.

柏木惠子・若松素子（1994）.「親となる」ことによる人格発達―生涯発達的視点から親を研究する試み―　発達心理学研究, *5*, 72-83.

加藤陽子・山下倫実・石田有理・布施晴美（2019）．夫婦における父親の育児行動評価と親アイデンティティおよび関係効力性との関連　十文字学園女子大学紀要, *50*, 19-31.

河合隼雄（1976）．母性社会　日本の病理　講談社

河野秀之・溝口　剛（2015）．里親と乳幼児里子との愛着形成に関する研究：里親の困りとその支援に焦点をあてて　大分大学教育実践総合センター紀要, *32*, 17-31.

厚生労働省（2013）．子ども虐待対応の手引き（改訂版）Retrieved from https://www.mhlw.go.jp/seisakunitsuite/bunya/kodomo/kodomo_kosodate/dv/dl/130823-01c.pdf（2022 年 1 月 31 日）

厚生労働省（2014）．児童相談所における保護者支援のためのプログラム活用ハンドブック Retrieved from https://www.mhlw.go.jp/file/06-Seisakujouhou-11900000-Koyoukintoujidoukateikyoku/14_1.pdf（2022 年 1 月 31 日）

久保田まり・渡部恵子（1999）．心理的親準備性から親性への移行に関する発達的研究―対児感情と母性意識, 幼少期の愛着関係の認識との関連―　昭和女子大学教養部紀要, *30*, 21-33.

文部科学省（2019）．通級による指導実施状況調査結果について　Retrieved from https://www.mext.go.jp/content/20200317-mxt_tokubetu01-000005538-02.pdf（2022 年 1 月 31 日）

森下葉子（2006）．親になることによる発達とそれに関わる要因　発達心理学研究, *17*(2), 182-192.

永江俊治・河野奈美子・星美和子・本田純久・北島謙吾・岩瀬信夫・小沢寛樹・花田裕子（2021）．障害のある虐待被害児の自立支援において里親が抱える養育上の困難さ　保健学研究, *34*, 57-66.

永田夏来・加納史章（2021）．中学校キャリア総合選択授業における乳幼児との触れ合い体験の効果と課題　兵庫教育大学研究紀要, *56*, 45-50.

内閣府男女共同参画局（2019）．特集 1 仕事と生活の調和（ワーク・ライフ・バランス）レポート 2018（概要）社会で支える継続就業―「働きやすさ」も「働きがい」も―　内閣府男女共同参画局仕事と生活の調和推進室　『共同参画』2019 年 5 月号　Retrieved from https://www.gender.go.jp/public/kyodosankaku/2019/201905/201905_02.html（2022 年 6 月 3 日）

西澤　哲（2017）．子ども虐待と親の攻撃性　臨床精神医学, *46*(9), 1127-1133.

大日向雅美（1988）．母子関係と母性の発達　心理学評論, *31*(1), 32-45.

岡本祐子・古賀真紀子（2004）．青年の「親準備性」概念の再検討とその発達に関連する要因の分析　広島大学心理学研究, *4*, 159-172.

小野寺敦子（2003）．親になることによる自己概念の変化　発達心理学研究, *14*, 180-190.

佐々木綾子（2007）．親準備性尺度の信頼性・妥当性の検討　福井大学医学部研究雑誌, *1*, 41-50.

荘島幸子（2010）．性別の変更を望む我が子からカミングアウトを受けた母親による経験の語り直し　発達心理学研究, *21*(1), 83-94.

武内今日子（2021）.「X ジェンダーであること」の自己呈示―親とパートナーへのカミングアウトをめぐる語りから―　ジェンダー研究, *24*, 95-112.

田中友香里（2021）.「親性脳」から探る個別型親性発達の支援に向けて　発達心理学研究, *32*,

　　　196-209.
山田幸恵（2021）．東日本大震災後の臨床心理学的支援―震災により里親となった人のストレスの
　　　継時的変化―　東海大学紀要文化社会学部, *5*, 209-217.

ワーク4

■ 各自，振り返りをしたあとで，グループ・メンバーと意見交換をしてみましょう。

[1] 現段階でのあなたは，将来自分が親になることについてどのように考えているでしょうか。

- -

- -

[2] 現在のあなたは，小さい赤ちゃんや幼児と出会ったときにどのように反応しますか。その理由と，自分の育ってきた背景を考えてみましょう。

- -

- -

[3] あなたが親になって子どもを育てるとしたら，その喜びや悩みはどんなことがあるか考えてみましょう。

- -

- -

［4］現在あなたを育てている保護者や養育者の方々が，あなたの巣立ちや自立をどのように考えているか考えてみましょう。

----

［5］将来あなたが親になるとしたら，どのような親になりたいか考えてみましょう。

第 5 章　家庭とキャリア

　家族の生活を維持し，子どもを養育するためには，就労による経済的基盤の確立が欠かせません。また，就労は単に経済的報酬を得るだけでなく，生活を充実させます。さらに，キャリアを積み上げ，自己実現を図るものでもあります。この章では，ワーク・ライフ・バランス，キャリアと家族，そして企業の取り組みとその活用を取り上げます。

 ## ワーク・ライフ・バランス

　家族が経済的に安定し，心理的にも健康でいるためには，個人としてのワーク（仕事）とライフ（生活）のバランスが大切です。仕事や生活で担う複数の役割が，ワーク・ライフ・バランスに大きな影響を与えます。

[1] ワーク・ライフ・バランスの実現とは

　近代産業発展以降，労働の画一化や利益・効率性の追求の優先により，労働者の生活や働きがい，幸せといったことが軽視され，生活や健康への影響などの問題が起こりました。そのような中で，1970 年代から，世界的に **QWL（Quality of Working Life：労働生活の質）** 運動が展開され，労働時間，余暇の利用，賃金体系，肉体労働と非肉体労働の調和，作業組織などの改善による，労働の人間化や働き方の見直しが目指されました（奥林，2011）。QWL への関心は，その後，雇用機会の確保や**ワーク・ライフ・バランス（仕事と生活の調和）** の実現を目指す働き方といった，生活全体の質的向上への取り組みにつながります。

　2007 年に内閣府により策定された「仕事と生活の調和（ワーク・ライフ・バ

ランス）憲章」（内閣府，2007a）では，誰もがやりがいや充実感を感じながら働き，仕事上の責任を果たす一方で，子育て・介護の時間や，家庭，地域，自己啓発等にかかる個人の時間をもてる健康で豊かな生活ができるよう，仕事と生活の調和が実現した社会を目指すことが謳われています。具体的には，①就労による経済的自立が可能な社会，②健康で豊かな生活のための時間が確保できる社会，③多様な働き方・生き方が選択できる社会の実現です。同時に策定された「仕事と生活の調和推進のための行動指針」（内閣府，2007b）では，各主体の取り組みや数値目標の設定，推進状況の点検・評価の仕組み等が示され，2020年には，週労働時間60時間以上の雇用者の割合が10.8%（2006年時点）から5.1%へ減少したことや，就業率の目標値達成といった目標達成状況が報告されています（内閣府，2021a）。

　ワーク・ライフ・バランスの実現は，個人の生活や健康に影響を与え，労働力の確保や少子化対策など国の活力や成長力を高め，持続可能な社会の実現につながります。家族においても，個々人のワーク・ライフ・バランスの実現の尊重が求められます。

[2] 家族の役割

　日本の共働き世帯数は，1997年以降は片働き世帯（男性雇用者と無業の妻から成る世帯）数を上回り，近年では片働き世帯数の2倍以上に増えています（内閣府，2021b）。夫婦が，仕事と家庭のどちらかの役割を担うのではなく，どちらの役割も担っているといえますが，平等に担っているとはいいきれません。

　仕事については，男性は女性よりも就業時間が長く，週間就業時間60時間以上の雇用者の割合は，男女とも減少傾向にあるものの，特に子育て期にある30代および40代の男性は，女性や他の年代の男性に比べて高い割合になっています（内閣府，2021b）。家庭の家事・育児については，6歳未満の子どもをもつ夫婦の家事・育児の行動者率（該当行動をした人の割合）において，共働き世帯と片働き世帯に大きな差はなく，「家事」は約8割，「育児」は約7割の夫が行っていないことが報告されています（内閣府，2020）。家庭の介護については，15歳以上でふだん家族を介護している介護者は増加しており，その約

6割が女性です（総務省，2017）。「夫は外で働き，妻は家庭を守るべきである」
という性別役割分担意識に反対する者の割合は長期的に増加傾向にありますが
（内閣府，2021b），役割分担において担っている責任や，実際に役割を遂行し
ている時間においては，未だ男女の偏りがあるといえます。

　また，男女の給与格差による家計分担に伴う役割の偏りも想像に難くありま
せん。一般労働者における男女の所定内給与額の格差は，長期的にみると縮小
傾向にありますが，男性一般労働者の給与水準を100としたときの女性一般労
働者の給与水準は74.3，一般労働者のうち正規雇用者の男性の給与水準を100
としたときの正規雇用者の女性の給与水準は76.8と報告されています（内閣府，
2021b）。このようなことも背景に，家庭において夫が**ペイド・ワーク（paid
work：有償労働）**を主に担い，妻が家事・介護・看護等の無償の家事活動，家
計のボランティア活動など**アンペイド・ワーク（unpaid work：無償労働）**を
主に担っていることが多いといえます。内閣府では，アンペイド・ワークの貨
幣評価額の推計を報告しています（内閣府経済社会総合研究所，2018）。具体
的な貨幣評価で示すことで，ペイド・ワークとアンペイド・ワークを同じ価値
基準でとらえ，役割分担を公平にとらえていくことが可能になります。これは，
夫婦が担う役割の価値を互いに認め合っていくことにもつながることでしょう。

　家族が，仕事や家庭で担っている役割を固定化して考えるのではなく，役割
の偏りによる心理的・身体的負担が生起していないか，役割分担の見直しがで
きないかについて確認し，協働しながら互いに満足する役割分担をしていくこ
とが大切です。

［3］多重役割のメリットとデメリット

　家族の中で，個々人が複数の役割を担うことで，各役割が相互にぶつかり役
割の遂行に支障が生じることがあります。「仕事で重要なポジションを任され
ているので，仕事の目途がつくまで出産を考えることができない」「休日は子
どもと過ごしたいが，仕事が忙しく，休日に家で仕事をやらないといけない」
というように，仕事と家庭との間で葛藤する状態を**ワーク・ファミリー・コン
フリクト**といいます。

　また，類似概念として**ワーク・ファミリー・スピルオーバー（流出）**があり

ます。スピルオーバーとは，一方の役割における状況や経験が，他方の役割における状況や経験にも影響を及ぼすことです（島津，2014）。ポジティブ・スピルオーバーは，「仕事で培った時間管理能力を，家事を効率的に進めることに活かせる」「育児の経験から，商品開発のヒントを得られる」といった，役割が増えることでの収入や経験，自己実現などポジティブな影響です。一方，ネガティブ・スピルオーバーは，「仕事が忙しくて家族と過ごす時間が減る」「家事・育児に忙しく仕事への意欲が低下する」といった，役割が増えることでの時間や能力の不足などのネガティブな影響です。島津他（Shimazu et al., 2011）によると，日本の共働き世帯において，男女ともに，ワーカホリック群（「働き過ぎ」と「強迫的な働き方」がどちらも高得点）はリラックス群（どちらも低得点）に比べ，仕事から家庭へのネガティブ・スピルオーバーと心理的ストレス反応を経験していることが示されています。さらに，ワーカホリックな妻をもつ夫は，家庭から仕事へのネガティブ・スピルオーバーをより多く経験しているものの，ワーカホリックな夫をもつ妻に関してはそうではないことも報告されています。ワーカホリックな妻をもつ夫の場合，男性の長時間労働に加えた家庭の負担と，女性が家事・育児の役割を担うという偏った性別役割分担意識に反する状況が，夫の家庭から仕事へのネガティブ・スピルオーバーを生起させている可能性があるのかもしれません。

多重役割のメリット・デメリットをふまえ，長時間労働の見直しや柔軟な働き方への変化，周囲の支援の活用など，葛藤の解決に向けて話し合い，支え合うことが重要です。その結果として，ワーク・ライフ・バランスの実現につながるでしょう。

2 キャリアと家族

キャリアとは，職業生活や人生全体を意味し，個々人が生涯を通じて選択し，経験し，価値付けをしていくことの積み重なりです。家族の中での役割や家族の状況が変わることで，キャリアに影響を与えることがあります。キャリアは，仕事の視点のみならず，家族・人生・経済から考えていくことが大切です。

[1] キャリア発達の概要

　キャリアという言葉には，さまざまな意味が含まれます。文科省（2006）のキャリア教育推進の手引の中では，キャリアを「個々人が生涯にわたって遂行するさまざまな立場や役割の連鎖及びその過程における自己と働くこととの関係付けや価値付けの累積」と定義しています。また，ホール（Hall, 1976）はキャリが用いられる4つの意味として，①昇進としてのキャリア，②専門職としてのキャリア，③生涯にわたる仕事の連続としてのキャリア，④生涯にわたる役割に関する経験の連続としてのキャリアに分類しています。職業のみに限定する狭義のキャリアと，人生全体を指す広義のキャリアがあるといえます。

　人は，人生の各段階で自分を取り巻く環境に応じて，自分の行動や考え方を変容させたり，環境に働きかけてより良い適応状態を形成したりする力を身につけていきます。その中で，社会における自分の立場に応じた役割を果たしながら，自分らしい生き方を目指し，実現していく過程がキャリア発達です。スーパー（Super, 1980, 1990）は，人生を虹にたとえた**ライフキャリア・レインボー**（図5-1）という考え方において，役割と時間の2次元からキャリア発達を表現しています。人生全体の役割として，子ども，学生，余暇人，市民，労働者，配偶者，家庭人，親，年金生活者などを挙げ，家庭，地域，学校，職場などでそれぞれの役割を同時に果たしていくと考えます。人は人生の各段階で，社会環境に影響されながらも，役割やそれに費やす時間を変化させながら，自

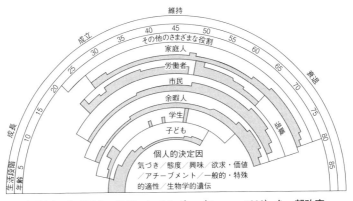

図5-1　ライフキャリア・レインボー（Super, 1990）を一部改変

表5-1　キャリア・アンカー

専門・職能別コンピタンス	自分の才能を発揮し，専門職であることを自覚して満足感を覚える。
全般管理コンピタンス	経営管理そのものに関心をもち，責任ある立場で組織全体の方針を決定し，自分の努力によって組織の成果を左右したい。
自律・独立	規則や規範にとらわれず，自分のやり方・ペース・納得する仕事の基準を優先させ，それに照らし合わせて物事を進めたい。
保障・安定	安全で確実と感じられ，将来を予測することができ，しかもうまくいっていると知りつつゆったりとした気持ちで仕事をしたりキャリアを送りたい。
起業家的創造性	新しい製品やサービスを開発したり，新しい事業を起こすなど，創造することを望み，がむしゃらにその夢を追いかける。
奉仕・社会貢献	自分の中心的な価値観を仕事の中で具現化したいという考えをもち，何らかの形で世の中をもっとよくしたいと考える。
純粋な挑戦	不可能と思えるような障害を克服すること，理解不能と思われてきた問題を解決すること，きわめて手ごわい相手に勝つことを自分の成功と考える。
生活様式	自分自身のニーズ，家族のニーズ，キャリアのニーズをうまく統合，調和させる方法を見出したいと考える。

分の役割とどのように関わっていくかを決定していくとされます。社会における自分の役割を果たすことを通して，「自分」と「働くこと」との関係付けや「価値観」が形成され，自分の方向付けや自己実現へつながるといえます。

　また，キャリアの選択においては，職業選択や長期的な仕事生活の拠り所を意味する**キャリア・アンカー**が大切です。シャイン（Schein, 1990）は，能力・才能（自分はいったい何が得意か），欲求・動機（自分は本当のところ何をやりたいのか），意味・価値（何をやっている自分に意味や価値が感じられるのか）の3側面を総合した自己概念によって，キャリア・アンカーが形成されると考えました。そして，キャリア・アンカーとして表5-1に示した8つを挙げています。自分のキャリア・アンカーを知り，どうしても譲れないものや譲歩できることを理解しておくことで，選択の際に適切な意思決定ができます。

　しかし，キャリアの発達は常に上向きに順調に進んでいくわけではありません。初職に就いた後には，自分の期待や夢と，仕事や組織に所属するという実態とのギャップに出会い，幻滅したり，欲求不満や葛藤を起こしたりする**リアリティ・ショック**が生じやすいです（Schein, 1978）。また，ユングが人生を日

の出から日没までになぞらえ「人生の正午」と表現した 40 歳前後の中年期には，これまでの人生を振り返るとともに，人間関係や役割の変化，限界感や喪失感を感じ，キャリアの継続や変更など，キャリアを再検討する**キャリア危機**が起きることもあります。さらに，職業上の異動，降格，転勤，転職，失業などの影響，子育てや介護といった家庭の問題がキャリアに影響を及ぼすこともあります。現代は，社会経済情勢や予測できない外的要因によりキャリア環境が流動化しています。職業や生活上の役割や環境の変化などを受け入れ，自ら変わることで適切な状況をつくったり，目的をもって変化したりして適応する力も重要といえます。

[2] キャリアからみた家族の課題

　女性が結婚を契機としてキャリア形成よりも家族形成を優先する時代は終わり，労働市場における男女雇用機会均等や男女共同参画のもと女性の社会進出が進められてきました。1992 年施行の育児休業法（現在の**育児・介護休業法**），2005 年施行の次世代育成支援対策推進法，2016 年施行の女性活躍推進法など，仕事と育児等の両立や女性のキャリアを支援する法律や制度が整備されてきています。2021 年の育児・介護休業法改正においては，産後パパ育休（出生時育児休業）の創設や育児休業の分割，有期雇用労働者の育児・介護休業取得要件の緩和などが盛り込まれています（厚労省，2021a）。また，育児休業等の申し出・取得を理由に，不利益な取り扱いを行うことは禁止されており，職場における妊娠・出産・育児休業・介護休業に関するハラスメントを防止する措置を講じることは事業主の義務となっています（厚労省，2019）。このような，法的制度の充実化の中で，家庭内の男女平等化や役割意識の男女平等化が伴っていないことが，キャリアからみた家族の課題として挙げられます。

　女性の労働力率は，結婚・出産・育児期にあたる 30〜40 歳代で落ち込む「M字カーブ」の特徴において，日本は近年，M字の谷の部分の労働力率が上昇し，カーブが緩やかになっているものの，他の先進諸国のようにM字カーブの解消までは至っていません（内閣府，2021b）。出産・育児期の女性の就労継続において，2010〜2014 年に第 1 子を出産した者で，妊娠前に正規雇用者であり，子どもが 1 歳時においても正規雇用者であった割合は 69.1% であり，うち

育児休業制度を利用した割合は 59.0％です。妊娠前にパート・派遣労働者であり，子どもが 1 歳時においてもパート・派遣労働者として職に就いている割合は 25.2％であり，うち育児休業制度を利用した割合は 10.6％と半数を下回っています（内閣府，2021b）。女性の非正規雇用者率は 54.4％と半数以上を占める中で（内閣府，2021b），出産・育児期の非正規雇用の女性のキャリアの中断は顕著であり，女性の就労継続や非正規雇用者の制度の活用においては課題があるといえます。

　女性の出産前後のキャリアに対する意識においては，出産前に管理職への早期の昇進意欲，早期の専門性の向上を考えていた女性の 6 ～ 7 割が，出産後にそのような意欲が低下することが報告されています（矢島，2014）。家族的責任を果たす意識の向上の反面，仕事での責任遂行意識の変化が生じる可能性が指摘できます。育児期の女性の仕事への意欲を維持するためには，長期的なキャリアイメージ，やりがいのある仕事や活躍機会の提供が有効とされます（矢島，2014）。職場からの働きかけとともに，家族における長期的なキャリアプランの検討も大切といえます。

　男性の育児休業取得率においては，2019 年時点で民間企業が 7.5％，国家公務員が 16.4％，地方公務員が 8.0％と，近年の上昇傾向はあるものの低水準です（内閣府，2021b）。男女ともに，気兼ねなく休業取得等の申出や制度の利用ができるような心理・社会的な職場環境の改善が求められます。

　このような状況の中での女性の就労継続が，未婚者の増加や子どもを産まない選択といったライフスタイルや家族のあり方等，人生全体を意味するキャリアの変化にもつながっています。個々人が，画一的なキャリア観を固持せず，さまざまなキャリアの展開を意識した柔軟な生き方や働き方の選択を実現していく一方で，少子高齢化や労働力不足といった社会問題も考えなければなりません。

［3］経済とキャリア

　日本において，女性が大学卒業後に同一企業でフルタイム正規雇用者として 60 歳まで働いた場合の退職金を合わせた生涯所得は 2 億 5,816 万円，二人出産後に育休を 2 回利用して第 2 子の小学校入学前まで短時間勤務をした場合でも

同生涯所得は 2 億 1,234 万円と推定される一方で，第 1 子出産後に退職し，第 2 子小学校入学時にパートで再就職した場合の同生涯所得は 6,147 万円と推定されています（久我，2017）。つまり，女性が出産により退職することで，約 2 億円の損失を生じているといえます。これは，個人の所得減少だけでなく，企業にとっても 2 億円を稼ぐ人材の損失です。女性が出産退職することで，働き続けた場合に比べて経済活動全体が停滞してしまう経済損失額は約 1.2 兆円と推定されています（的場，2018）。経済からキャリアを考えると，女性の就業継続の価値が見えてきます。

　また，経済から労働を考える場合，労働者の健康は重要なテーマとなります。誰しもが健康問題のない状態で，100％の労働能力を発揮しながら仕事をし続けられるわけではありません。職場における健康に関連した経済的損失は，医療費や薬剤費だけでなく，**アブセンティーイズム**といわれる病気欠勤による労働生産性の損失，**プレゼンティーイズム**といわれる健康問題による労働生産性の低下なども影響しているとされます。日本の企業を対象とした研究（Nagata et al., 2018）では，労働者一人あたりの年間の健康関連コストの内訳は，プレゼンティーイズム 64％，医療費 13％，アブセンティーイズム 11％，薬剤費 8％，入院費 4％でした。プレゼンティーイズムの健康問題における具体的な症状は，首の痛み・肩こり，睡眠不足，腰痛，目の症状，抑うつなどであり，これらの症状による労働生産性の低下による経済的損失が顕著であることがわかります。過重労働を長期間続けたり，多重役割や役割の偏りによる心理的・身体的負担を抱えながら仕事をし続けたりすることは，個人の健康リスクだけでなく経済的な損失にもつながり，誰にもメリットがありません。健康と経済の両面から理想的な働き方を考えていく必要があります。

　生活の中では，過重労働による健康障害や休職，妊娠・出産・育児・教育・介護に伴う経済的負担，景気悪化による失業，加齢による疾病，退職など，さまざまな経済リスクが生じます。結婚し，夫婦共働きをすることは単身よりも経済リスクを分散できます。しかし，家族が増えることで経済的負担が増加したり，離婚によって単身による経済リスクが再度生じたりする場合もあります。

　経済の視点からキャリアや働き方，家族について考え，経済的損失を予防するための，安心で健康的な働き方を考えていきましょう。社会保障制度（健康

保険，年金保険，雇用保険，児童福祉制度，生活保護制度など）を理解して活用したり，私的保険（生命保険，民間医療保険，学資保険，個人年金など）の加入について家族で話し合ったりすることも1つの方法です。

③ 企業の取り組みとその活用

　家族を取り巻く社会的課題として「ストレス」があります。働き方に伴うストレス，仕事におけるストレスは，ワーク・ライフ・バランスの実現やキャリアにも影響する要因です。近年，労働者のストレスケアのみならず，働き方の見直し，働きやすい環境の整備が，法律の改正なども含めて進められています。

[1] 職場におけるストレス

　労働者のストレス要因としては，「仕事の量」「仕事の失敗・責任の発生等」「仕事の質」「対人関係（セクハラ・パワハラを含む）」の順で多いことが報告されています（厚生労働省，2021b）。長時間にわたる過重労働は，疲労の蓄積をもたらし，脳・心臓疾患など健康障害を引き起こし，極度の長時間労働は，心身の極度の疲弊・消耗をきたし，うつ病等の精神障害の原因になりうるとされます。近年，仕事によるストレス（業務による心理的負荷）が関係した精神障害についての**労働災害**（労働者の業務上，業務に起因した負傷・疾病・死亡のこと）の請求件数および認定件数は増加傾向にあります（厚生労働省，2021c）。労働災害認定基準において心理的負荷の強度が「強い」と判断される内容例として，極度の・著しい長時間労働，上司等からの身体的攻撃・精神的攻撃等のパワーハラスメント，同僚等からの暴行又はひどいいじめ・嫌がらせなど，等が該当しており（厚生労働省，2020），労働者が多く曝されているストレス要因は，強度の心理的負荷を引き起こしかねない内容であるといえます。

　このような状況を受け，さらにはワーク・ライフ・バランス実現の点からも，近年，働き方の見直しがされています。2018年には，働き方改革関連法（働き方改革を推進するための関係法律の整備に関する法律）が公布され，長時間労働を是正する観点からは，労働基準法の改正により，時間外労働について，月100時間未満，複数月平均80時間，年720時間という上限制度が設けられたり，

事業主が労働者に対し 5 日間の年次有給休暇を取得させることが義務化されたりする等の改正が行われました（厚生労働省，2018）。

　働くことにより労働者が健康を損なうようなことがあってはなりません。働くことに関する法的制度の正しい理解の先に，自分や家族の健康があります。

[2] 労働者の心の健康を守るための制度

　事業者には，長時間労働や職場環境による労働者のメンタルヘルス不調を未然に予防して，労働者の心身の健康を守る責任があります。2014 年には，労働安全衛生法が改正され，労働者が 50 人以上の事業所では，毎年 1 回，医師，保健師等による**ストレスチェック**の実施が義務付けられています[1]。ストレスチェックの実施には，ストレスに関する質問票を用います。これは，自分のストレス状況や状態について自身で回答するものであり，厚生労働省の推奨する「職業性ストレス簡易調査票」などが挙げられます。ストレスチェックの結果は，実施者から直接労働者本人に通知され，本人の同意なく事業者に提供されることは禁止されています。そして，事業者は，高ストレスと評価された労働者からの申出など労働者の希望に応じて医師による面接指導を実施し，医師の意見を聴いた上で，必要な場合には適切な就業上の措置を行います。また，ストレスチェックの集団ごとの分析結果から職場環境の改善を行い，働きやすい職場づくりを進めることは，事業者の努力義務となっています。

　労働者の心の健康を守るメンタルヘルスケアは，1 次予防として，メンタルヘルス不調にならないための事前予防がされます。定期的なストレスチェックの実施により，労働者自身に心身の状態の把握をしてもらい，高ストレスの人には医師の面接指導やカウンセリングの活用を促したり，適切なストレス対処を身につけてもらう研修などを行います。2 次予防としては，メンタルヘルス不調者を早期に発見し，職場適応へつなげる支援がされます。カウンセリングや医療機関の紹介や支援，業務調整などの措置を行います。3 次予防としては，休職している労働者に対する復職支援や再発予防がされます。個人を対象とし

1）労働者 50 人未満の事業場については努力義務となっています。また，契約が 1 年未満の労働者や，労働時間が通常の労働者の一週間の所定時間の 3／4 未満の短時間労働者は義務の対象外となっています。

た医療的な治療や復職プログラムを行います。近年は，0次予防も重視されています。0次予防は，心身の健康の保持や増進だけではなく，労働者の**ワーク・エンゲージメント**（仕事に誇り・やりがいを感じ，熱心に取り組み，仕事から活力を得て活き活きとしている状態）（島津，2015）を高め，自分の力を最大限に発揮して生産性や満足度の向上につなげるための取り組みといえます。職場環境の改善や人材育成，働き方やキャリア形成などの支援が含まれます。

　また，これらのメンタルヘルスケアを実践するプログラムとして，**EAP**（**Employee Assistance Program ; 従業員支援プログラム**）があります。EAPは，労働者やその家族に対して，メンタルヘルスなど個人的・組織的な問題を解決するために，医療や心理，社会福祉や法律などの専門機関と連携してサポートを提供することによって，業績や生産性の向上につなげるプログラムです。

　企業内に内部 EAP を構築する企業もありますし，専門的に EAP サービスを提供する外部 EAP 機関も増えています。外部 EAP 機関は，ストレスチェック，医師面接，カウンセリング，ストレス研修，医療機関の紹介，職場復帰支援など，労働者とその家族への支援，経営者や人事労務担当者へのコンサルテーション，職場環境の改善，健康経営施策といった支援を行います。近年，EAP が扱う問題は，メンタルヘルスに加えハラスメント，ワーク・ライフ・バランス，育児・介護問題，DV（ドメスティックバイオレンス）など多様になっています。

[3] これからの働き方

　個々人のライフステージにあった柔軟な働き方を選択できる社会の実現のために，さまざまな取り組みが進んでいます。例えば，育児のための所定労働時間の短縮措置等の制度がある事業所の割合は，73.4%（前年 72.1%）と増加しており，「短時間勤務制度」68.0%，「所定外労働の制限」64.3%，「始業・終業時刻の繰上げ・繰下げ」39.3%となっています（厚生労働省，2021d）。また，在宅勤務等のテレワークは前年の 4.2% から 10.0% に急増しています。在宅勤務者は職場勤務者に比べて，仕事へのモチベーションやワーク・ライフ・バランスが高いことが示唆されており（Hill et al., 2003），テレワークは，パンデミック発生時の事業継続性の確保以外にも効果があるとされます。昨今の日本で

は，育児や介護等を理由とした労働者の離職の防止，業務効率化による生産性の向上，遠隔地の優秀な人材の確保などの点からもテレワークが推奨されています（厚労省，2021e）。

　オフィス勤務に対する「テレワーク」だけでなく，1社就業に対する「兼業・副業」，雇用関係による働き方に対する「雇用関係によらない働き方」など，現在，日本型雇用システム（日本の高度経済成長期において合理的であった，新卒一括採用，終身雇用，年功序列賃金，企業内組合に特徴づけられる雇用慣行）は，「時間・場所・契約にとらわれない，柔軟な働き方」へシフトチェンジする方向で見直されつつあります（経済産業省，2017）。この背景には，第4次産業革命の進展により，専門的な仕事が「企業」単位から「課題・個別プロジェクト」単位に分解され，世界各国から集まった労働者個人が企業と対等に仕事をしていくといった，労働者と企業との関係性の大きな変化，ビジネスプロセスの変化の動きがあります（Schwab, 2016/2016）。

　これからの新しい働き方を見据え，労働市場で通用する**エンプロイアビリティ（雇用されうる能力）**のみならず，高度化・複雑化する社会で自分に必要な知識やスキル，自身のキャリア管理能力などを高めていくことが大切です。それにより，自分の能力や適性，ワーク・ライフ・バランスに合った働き方の選択を自分の意志で行うことが可能になるでしょう。

コラム **5**　それは気遣い？　偏見？
―アンコンシャス・バイアス

次の設問の中で「はい」と思うものにチェックしてください。

□ 子どもが病気になったときは，母親が仕事を休んだ方がいいと思う。
□ 親の介護をしながら働いている人には，出張がない業務を割り当ててあげたい。
□ 帰国子女の友人には，英語を使う仕事を紹介してあげたい。

　アンコンシャス・バイアス（無意識の偏見）という言葉を知っていますか。ある日，大学の研究室に来室した学生がこう言いました。
　「先生は大学の他にも企業との仕事やカウンセラーの仕事があって大変ですね。そんなに働かないといけないほど，旦那さんの稼ぎが少ないなんてかわいそう。」
　学生は，私の多忙を労い，憐れんでくれたのでしょう。でも，ちょっと立ち止まって考えてみると，そこには，「夫が妻を養う」「夫の稼ぎが良ければ妻は働かなくてよい」という，性別役割分担意識に関する隠れたメッセージが発せられています。このような，「自分自身が気づかずに（無意識に）もっている偏った見方や考え方（偏見）：アンコンシャス・バイアス」は，誰しもがもっています。心優しい人もです。
　アンコンシャス・バイアスは，日常的にさまざまなところに存在し，上の設問も，すべてアンコンシャス・バイアスに該当します。あなたはいくつチェックがつきましたか。設問1つ目は「ジェンダー・バイアス」の例です。「女性が育児をしなければならない」といった偏った性別役割分担意識からくる思い込みです。2つ目は「慈悲的差別」の例です。「介護で忙しい人は守るべき」という一方的な同情や過剰な気遣いが偏った対応につながります。過保護な対応が，その人の大切な機会を奪ってしまうことがあります。3つ目は「ステレオタイプ・バイアス」の例です。「帰国子女は英語がうまい」と属性で一括りに判断しています。帰国子女でも，英語圏ではなかった人や，英語が得意ではない人もいます。個人を無視してとらえると偏見につながる場合があります。
　人は誰しも，もちろん自分も偏見をもっていることを認め，当たり前のことや自然に見えるものこそ別の見方はないかとちょっと立ち止まり，「思い込み」を疑う習慣をつけていきたいですね。

●参考文献
パク・スックチャ（2021）．アンコンシャス・バイアス―無意識の偏見―とは何か　ICE

●引用文献

Hall, D. T.（1976）. *Careers in organizations.* Glenview, IL: Scott, Foresman and Company.

Hill, E. J., Ferris, M., & Märtinson, V.（2003）. Does it matter where you work? A comparison of how three work venues（traditional office, virtual office, and home office）influence aspects of work and personal/family life. *Journal of Vocational Behavior, 63,* 220-241.

経済産業省（2017）.「雇用関係によらない働き方」に関する研究会　報告書　Retrieved from https://www.meti.go.jp/report/whitepaper/data/pdf/20170330001-2.pdf（2021 年 10 月 25 日）

厚生労働省（2018）. 働き方改革を推進するための関係法律の整備に関する法律案要綱　Retrieved from https://www.mhlw.go.jp/topics/bukyoku/soumu/houritu/dl/196-32.pdf（2021 年 10 月 25 日）

厚生労働省（2019）. 女性の職業生活における活躍の推進等に関する法律等の一部を改正する法律の概要 Retrieved from https://www.mhlw.go.jp/content/11900000/000584588.pdf（2021 年 10 月 25 日）

厚生労働省（2020）. 精神障害の労災認定　Retrieved from https://www.mhlw.go.jp/bunya/roudoukijun/rousaihoken04/dl/120427.pdf（2021 年 10 月 25 日）

厚生労働省（2021a）. 育児休業，介護休業等育児又は家族介護を行う労働者の福祉に関する法律及び雇用保険法の一部を改正する法律の概要 Retrieved from https://www.mhlw.go.jp/content/11900000/000788616.pdf（2021 年 10 月 25 日）

厚生労働省（2021b）. 令和 2 年「労働安全衛生調査（実態調査）」の概況 Retrieved from https://www.mhlw.go.jp/toukei/list/dl/r02-46-50_gaikyo.pdf（2021 年 10 月 25 日）

厚生労働省（2021c）. 令和 2 年度「過労死等の労災補償状況」　精神障害に関する事案の労災補償状況　Retrieved from https://www.mhlw.go.jp/content/11402000/000796022.pdf（2021 年 10 月 25 日）

厚生労働省（2021d）. 令和 2 年度雇用均等基本調査　事業所調査結果　Retrieved from https://www.mhlw.go.jp/toukei/list/dl/71-r02/03.pdf（2021 年 10 月 25 日）

厚生労働省（2021e）. テレワークの適切な導入及び実施の推進のためのガイドライン　Retrieved from https://www.mhlw.go.jp/content/000759469.pdf（2021 年 10 月 25 日）

久我尚子（2017）. 大学卒女性の働き方別生涯所得の推計―標準労働者は育休・時短でも 2 億円超, 出産退職は△2 億円。働き続けられる環境整備を。 ニッセイ基礎研究所　基礎研レポート　Retrieved from https://www.nli-research.co.jp/report/detail/id=56140?pno=1&site=nli（2021 年 10 月 25 日）

的場康子（2018）. 出産退職の経済損失 1.2 兆円～退職 20 万人の就労継続は何が鍵になるか？～ 第一生命研究所　ライフデザインレポート　Retrieved from https://www.dlri.co.jp/pdf/ld/2018/news1808.pdf（2021 年 10 月 25 日）

文部科学省（2006）. 小学校・中学校・高等学校キャリ教育推進の手引―児童生徒一人一人の勤労観，職業観を育てるために―　Retrieved from https://www.nier.go.jp/shido/centerhp/21career.shiryou/honbun/koumoku/1-05.pdf（2021 年 10 月 25 日）

Nagata, T., Mori, K., Ohtani, M., Nagata, M., Kajiki, S., Fujino, Y., ...Loeppke, R.（2018）. Total health-related costs due to absenteeism, presenteeism, and medical and pharmaceutical expenses in Japanese employers. *Journal of Occupational and Environmental Medicine, 60*(5), 273-280.

内閣府（2007a）. 仕事と生活の調和（ワーク・ライフ・バランス）憲章　Retrieved from http://wwwa.cao.go.jp/wlb/government/20barrier_html/20html/charter.html　（2021 年 10 月 25

日）

内閣府（2007b）．仕事と生活の調和推進のための行動指針　Retrieved from http://wwwa.cao.
　　go.jp/wlb/government/20barrier_html/20html/indicator.html（2021 年 10 月 25 日）

内閣府（2020）．令和 2 年度版男女共同参画白書（PDF 版）　Ⅰ令和元年度男女共同参画社会の形
　　成の状況　特集編「家事・育児・介護」と「仕事」のバランス～個人は，家庭は，社会はど
　　う向き合っていくか　Retrieved from https://www.gender.go.jp/about_danjo/whitepaper/
　　r02/zentai/pdf/r02_tokusyu.pdf（2021 年 10 月 25 日）

内閣府（2021a）．仕事と生活の調和（ワーク・ライフ・バランス）総括文書―2007～2020―
　　Retrieved from http://wwwa.cao.go.jp/wlb/government/top/hyouka/07-20/zentai.html
　　（2021 年 10 月 25 日）

内閣府（2021b）．令和 3 年版男女共同参画白書（PDF 版）Ⅰ令和 3 年度男女共同参画社会の形成
　　の状況　現状編　Retrieved from https://www.gender.go.jp/about_danjo/whitepaper/r03/
　　zentai/pdf/r03_genjo.pdf（2021 年 10 月 25 日）

内閣府経済社会総合研究所（2018）．無償労働の貨幣評価　Retrieved from https://www.esri.cao.
　　go.jp/jp/sna/sonota/satellite/roudou/contents/pdf/190617_kajikatsudoutou.pdf（2021 年 10
　　月 25 日）

奥林康司（2011）．QWL-QWL への関心とその基本問題　日本労働研究雑誌，609，26-29.

Schein, E. H.（1978）．*Career dynamics: Matching individual and organizational needs.*　Reading,
　　MA: Addison-Wesley.（二村敏子・三善勝代（訳）（1991）．キャリア・ダイナミクス：キャ
　　リアとは，生涯を通しての人間の生き方・表現である。　白桃書房）

Schein, E. H.（1990）．*Career anchors: Discovering your real values.*　San Francisco, CA: Jossey-
　　Bass/Pfeiffer.（金井壽宏（訳）（2003）．キャリア・アンカー：自分のほんとうの価値を発見
　　しよう　白桃書房）

Schwab, K.（2016）．*The fourth industrial revolution.*　Geneva: World Economic Forum.（シュワ
　　ブ，K.　世界経済フォーラム（訳）（2016）．第四次産業革命：ダボス会議が予測する未来
　　日本経済新聞出版社）

島津明人（2014）．ワーク・ライフ・バランスとメンタルヘルス：共働き夫婦に焦点を当てて（特
　　集 中間年齢層の労働問題）　日本労働研究雑誌，56，75-84.

島津明人（2015）．ワーク・エンゲイジメントに注目した個人と組織の活性化　日本職業・災害医
　　学会会誌，63，205-209.

Shimazu, A., Demerouti, E., Bakker, A. B., Shimada, K., & Kawakami, N.（2011）．Workaholism
　　and well-being among Japanese dual-earner couples: A spillover-crossover perspective.
　　Social Science and Medicine, 73, 399-409.

総務省（2017）．平成 28 年社会生活基本調査―生活時間に関する結果―　結果の概要　Retrieved
　　from http://www.stat.go.jp/data/shakai/2016/pdf/gaiyou2.pdf（2021 年 10 月 25 日）

Super, D. E.（1980）．A life-span, life-space approach to career development.　*Journal of
　　Vocational Behavior, 16,* 282-298.

Super, D. E.（1990）．A life-span, life-space approach to career development. In D. Brown, L.
　　Brooks, & Associates, *Career choice and development*（2nd ed., pp. 197-261）.　San
　　Francisco, CA: Jossey-Bass.

矢島洋子（2014）．女性の能力発揮を可能とするワーク・ライフ・バランス支援のあり方　佐藤博
　　樹・武石恵美子（編）　ワーク・ライフ・バランス支援の課題（pp. 59-82）　東京大学出版会

ワーク 5

■ 1. ある企業で働く家族の出来事—夫婦の役割について，以下の創作事例を
　　読み，考えてみましょう。

　夫のＡ男 32 歳と妻のＢ子 32 歳は，株式会社Ｈという人材サービス会社の営
業職として仕事をしてきました。Ａ男もＢ子も営業成績の上位を争うほどのパ
フォーマンスを発揮し，互いに仕事にやりがいを感じていました。

　30 歳で結婚をし，その１年後に第１子を授かりました。Ｂ子は，産後１年の
育児休暇を取得し，職場復帰をしました。しかし，子どもが病気がちで，早退
や欠勤をする日々が続いています。職場の仲間は協力的であり，積極的にＢ子
をサポートしてくれます。しかし，Ｂ子は「自分のパフォーマンスが 50％も発
揮できていない」「部署の皆に迷惑をかけている」「仕事も育児も中途半端にな
っている」と思い，「自分が仕事を辞めた方が，会社にとっても，家族にとって
も良いのではないか」と悩むようになりました。

　Ａ男は，家庭では育児や家事に協力してくれるものの，保育所への子どもの
送迎はＢ子のみが行っています。Ａ男は仕事を早退したり休んだりすることは
なく，営業成績も上位をキープし，同期の誰よりも早く課長に昇進しました。
残業をすることも飲み会に参加することもこれまで通りです。Ｂ子はＡ男を見
ていると，これまで感じたことのない苛立ちや焦りを感じるようになりました。
最近では，些細なことでの夫婦喧嘩が増えてきました。

---

[1] 現在，Ａ男とＢ子が担っている役割を整理しましょう。

• Ａ男の役割：

• Ｂ子の役割：

---

[2]　Ａ男とＢ子が担っている役割で，変えられるところを挙げてみましょう。

- ....
- ....
- ....

[3]　あなたがＡ男だったら，今，どのような気持ちで，何を考えていますか。

....
....
....

[4]　あなたがＢ子だったら，今，どのような気持ちで，何を考えていますか。

....
....
....

[5]　現状を改善するためには，どのようなことを行うとよいでしょうか。

....
....
....

■2.　企業におけるワーク・ライフ・バランスの取り組み

　働き方が多様化している現代，多くの企業がワーク・ライフ・バランスの取り組みを実施しています。その取り組み事例を調べて紹介しましょう。その取り組みについて，あなたが考える利点や限界についても考えてみましょう。

....
....
....
....
....
....

第 **6** 章　中年期の夫婦関係

　本章では，中年期を40代から60代前半と考えます。長寿化の中で，中年期は長くなっています。それとともに，多くの家庭で子どもは1人か2人であるため，子どもに手がかからなくなってから，夫婦だけで過ごす時間は長くなっています。その結果，夫婦の関係のあり方は，中年期の結婚満足感や心理的健康に大きな影響をもたらします。本章では，第1節で生涯発達における中年期の特徴，第2節で夫婦関係の問題，第3節で夫婦関係と精神的健康そして第4節に夫婦関係の援助についてみていきます。

1 生涯発達における中年期の特徴

　エリクソン（E. H. Erikson）の心理社会発達段階では，成人期（中年期）の課題として，世代性の獲得が挙げられています（表1（p. iv）参照）。世代性とは，子どもを育てるだけでなく，次の世代の育成を意識して社会に貢献することや，創造的なことをすることを意味します。中年期にある者の多くは，青年期と異なり，親として，職業人として社会的な役割をもっています。その結果，その役割を通して多くの経験を積み，人格的に成熟していく時期といえます。

　人は40歳をすぎる頃から，心身のさまざまな変化を経験します。髪には白髪が目立ち始め，目も見えにくくなり，身体的に少しずつ衰えを感じ始めます。女性は，45歳から50歳過ぎ頃に閉経を迎えます。

　家族にも変化がみられます。子どもたちは青年期に達し，親から自立していく一方，自身の親には高齢者として介護の必要性が生じてきます。青年期の子どもとの問題は，第2章に詳しく説明されています。それまで育児にエネルギーを費やしてきた者はその役割を失い，心身の不調を訴える場合があります。

これは，「空の巣症候群」と呼ばれ，育児に専念してきた女性に多くみられます。

　さらに，職場でも変化が生じる時期です。入社して，高い地位や収入を目指して仕事中心で頑張ってきたものの，そろそろ定年までの道筋が見え始め，挫折を経験したりストレスを感じたりします。

　このような心身や環境の変化の時期は，アイデンティティの危機であり，「今までの自分とは何だったのか」「自分の本当にやりたかったのは何なのか」という自己への問い直しが起こります。岡本（1997）は，このアイデンティティの揺らぎと再達成のプロセスをアイデンティティの「再体制化」と呼んで，青年期に獲得したアイデンティティが，中年期に，そして定年退職後に再体制化を起こしながら，成熟していくと考えています。中年期の心理的発達について検討した研究（高井，1999）では，特に，40代以降の女性に，20代，30代に比べて，「ありのままの自己」を生きようとする態度や，人の評価など気にせず生きようとする傾向が強くなると報告しています。

　中年期は夫婦の時間が増える時期でもあります。子どもが巣立った家庭は空の巣にたとえられるとはいえ，空の巣は悪いことだけではなく，夫婦が一緒の行動をすることが増えるきっかけになるという現象も報告されています（菅原，2016）。図6-1は，人生を100年とみた場合の既婚女性のライフサイクルを表しています。平均寿命が伸びる中，子育て後の夫婦のみでいる時間は将来30年以上にもなることがわかります。

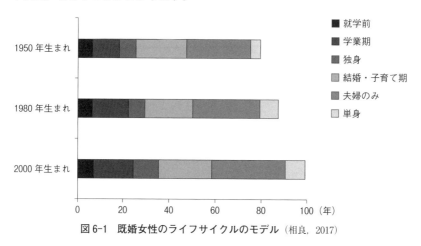

凡例：
■ 就学前
■ 学業期
■ 独身
□ 結婚・子育て期
■ 夫婦のみ
□ 単身

1950年生まれ
1980年生まれ
2000年生まれ

0　20　40　60　80　100（年）

図6-1　既婚女性のライフサイクルのモデル（相良，2017）

　子育て後の時期を充実して過ごすことができるかどうかが，その後の人生を実りのあるものにできるかどうかにつながっていきます。次に，中年期の夫婦関係についてみていきます。

2 夫婦関係の問題

　結婚前の若い女性に，どんな中年期を過ごしたいか，と聞くと，夫と楽しく一緒に旅行や趣味に時間を費やしたい，という答えが返ってきます。この楽しくとは，結婚当初と変わらない愛情を夫婦でもち続けるという意味でしょう。しかし，たとえ大恋愛の末結ばれた夫婦でも，変わらぬ愛を何十年ももち続けることは容易ではありません。首都圏の約 200 所帯を縦断的に追った研究（菅原，2016）では，男性よりも女性の方が中年の愛情度（相手といると相手を愛していると実感するなど）が低く，言い換えれば，子どもが青年期に達する頃から，女性の夫への愛情が低くなることが示されています（図 6-2 参照）。
　この中年期の夫と妻のずれは，主に米国の 226 の結婚満足度の男女差に関する研究を包括的に検討したジャクソン（Jackson et al., 2014）の結果と比較す

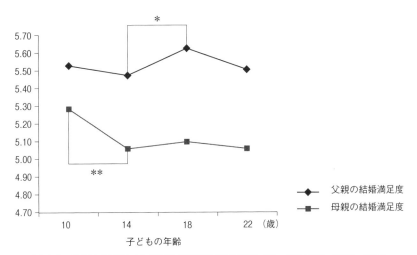

図 6-2　父親と母親の 12 年間の結婚満足度の推移（$N = 217$ 世帯）（菅原，2016）
　（注）1. ひどく不幸〜7. 完全に幸福の 7 段階評定。* : $p < .05$, ** : $p < .01$

ると，日本の夫婦の特徴とみなすことができます。このように日本の夫婦の差
が大きい理由の1つが，妻の中に愛情はないが生活のため，あるいは子どもの
ために夫婦を続けているというものが少なからずいるということが考えられま
す。そこで，なぜ夫婦関係を続けるか，という理由を聞いた夫婦コミットメン
トの研究をみてみます。伊藤・相良（2015）は，40代から70代の夫婦を対象
に，結婚を継続する理由について尋ねた結果，「人格的」「諦め・機能的」「規範
的」の3種類のコミットメントを見出しています。表6-1に各種類のコミット
メントの質問項目を3つずつ示しました。

表6-1　結婚コミットメントの質問項目

コミットメント	質問項目
人格的	配偶者は私の欠点も含めて受け入れてくれる人だから 配偶者のことを誰よりも信頼しているから 配偶者は私のことを一番わかってくれる人だから
諦め・機能的	いまさら別の人とやり直すのは面倒だから 配偶者がいないと経済的に成り立たないから 離婚しても，幸福が約束されているわけではないから
規範的	離婚することは道徳的に間違っているから 離婚は恥ずべきことと考えているから 結婚した以上，最後まで相手に責任をもつのは当然だから

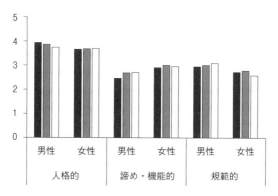

図6-3　年代別，性別による結婚コミットメントの平均値
（伊藤・相良（2015）より作成）

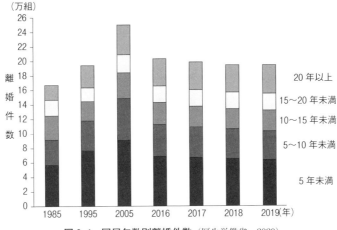

図 6-4　同居年数別離婚件数（厚生労働省，2020）

　図 6-3 で示されているように，3 種類の理由に対する回答のどれにも男女差がありました。特に，「諦め・機能的」が男性より女性の方が高いことから，結婚している女性の中には，さまざまな理由から諦めながら結婚生活を送っている者が男性より多いことがわかります。この男女差の要因の 1 つは，中年の世代においてフルタイムで働いているような経済的に自立できる妻の比率が少ないことから，経済的な自立が難しいという点だと思われます。それが夫婦の仲が悪くなっても結婚を維持することにつながっていると考えられます。

　図 6-4 は，同居年数別離婚件数です。同居が 20 年以上の人の離婚の全体の離婚件数に占める割合が少しずつ増加しているのがわかります。近年，日本では離婚に対しての社会的な圧力がゆるくなっていること，経済的に独立できる妻の増加などさまざまな要因が関連していると思われます。

3　夫婦関係と精神的健康

　夫妻の結婚に対する満足や不満足は，**精神的健康**に影響を与えることが報告されています。妻は，離婚への願望が強いほど抑うつ傾向が高くなりますが，夫の場合，離婚への願望自体は妻の平均と差はないのですが，離婚願望は抑うつと関連がありません（伊藤・相良，2014）。男性は，「悲しい」「不安だ」とい

うような自分の感情を認知しにくい（林，2005）という報告もありますが，不幸な結婚生活を送っている女性は，同じ状況の男性よりも抑うつ状態になりやすいといえるかもしれません。

　中年期の夫婦関係が良好かどうかは，どのような要因によって決まるのでしょうか。ここでは，夫より妻の夫婦関係の満足度が平均的に低く，また，前述したように抑うつのような精神的健康とのつながりが深いので，妻の夫婦関係満足度を高める要因を取り上げます。

　中年期の夫婦を対象とした調査（伊藤他，2014）で，世代や年収を統制した上で夫婦の会話時間，自己開示，就寝形態，性交頻度などの要因と結婚満足度との関係を検討しています。それによると，夫婦関係への満足度に最も影響するのは自己開示でした。**自己開示**とは，自分の内面を打ち明けることです。特に，男性よりは女性の方が自分の考えや気持ちを相手に聞いてもらい，理解してもらうことが自身の夫婦関係への満足度を高める傾向がありますが，石盛他（2017）は，夫と妻の両者が互いにコミュニケーションが充実していると認識している夫婦は夫婦関係の満足度が高いことを報告しています。

　もう1つは，夫の家事，育児の分担です。これは，共働きの夫婦ではよく起こる争いの1つです。問題は，単純な家事，育児の時間ではなくて，夫の家事，育児の参加を妻がどうとらえるか，ということが重要のようです。相良他（2008）は，子育て期と中年期の夫婦を対象に調査を行い，そこでは家事と育児の負担を夫と妻合わせて10になるように尋ねています。その結果，妻が理想とする自分の家事分担の平均は妻6.8ですが，現実は8.4です。育児について理想は5.6，現実は，7.1です。妻は，理想より多い時間を家事や育児に費やしていると認識していることがわかります。一方，夫側は，家事の理想の分担は2.8，現実は2.1，育児の理想は4.1，現実は3.0となっています。夫の理想は現実より多く費やすことです。こういう理想と現実のずれが大きいほど，妻の満足度は低くなることが示されています。このくらい夫に分担してほしいのに，現実は自分の分担がはるかに多いという認識が強いほど満足度が下がるのは当然かもしれません。夫も特に，育児についてはより時間を費やしたいと思っているのでしょうが，日本の社会の働き方がそれを難しくしていると考えられます。

　また，相良他（2008）は，このようなずれは，**性別分業観**について夫と妻が
ずれていることにも関係があると報告しています。例えば，妻が非伝統的で，
夫も家事や育児を分担するべきだと思っているにもかかわらず，夫が家事，育
児は女性の仕事であるというような伝統的な考え方をもっているというように，
分業観の考え方に違いのある夫婦の場合は，妻の結婚満足度は低いわけです。
夫も妻も性別分業を当然と考えている場合は夫婦間の家庭の役割についての葛
藤は少なくなります。相良他（2008）の調査で興味深いのは，子どもが小さい
頃の家事・育児の分担の理想と現実のずれが，子育てが終わった中年期の結婚
満足度の低さと関係があることです。子どもがまだ小さくて手がかかるときに
育児を十分にやってもらえなかったという苦い記憶は，後々まで妻に影響する
ようです。逆に，妻が子育てに忙しいときに夫が参加し，家事もある程度行っ
てくれる場合は，妻の結婚満足度は中年期になってもあまり下がりません。
　夫にすれば，長い労働時間と通勤距離で家事や育児に携わりたくてもなかな
かできない現状があります。あるいは，伝統的な性別分業観をもっている男性
は女性より多いので，家事と育児は妻に任せてある，という意識なのかもしれ
ません。妻の多くはそういう不満を直接表現しないことも多く，夫は気がつか
ないまま，ますます夫との関係が悪くなっていくという過程が予想できます。

4　夫婦関係の援助

　第1節で学んだように，中年期はこれからの人生を見据え，アイデンティテ
ィが動揺する時期であり，心理的に不安定になりやすい時期です。この時期は，
子どもだけでなく親の介護の問題などが生じてきます。夫婦でさまざまな問題を
乗り越えていかなければならないときに，夫婦関係がうまくいかないというの
はたいへんつらいことになります。夫婦関係がうまくいかなくなる要因として，
子育ての時期の家事や育児の分担に関する夫婦の考え方の違いだけでなく，夫ま
たは妻の浮気，セックスレスなど個々の夫婦が抱えるさまざまな問題があります。
　夫婦関係をよりよくしたいと考えるカップルには，**カップルセラピー**という
心理療法があります。日本ではあまり普及しているとはいえませんが，ここで
はカップルセラピーでよく使われる**アサーション**というスキルを紹介します。

アサーションとは，1950年代にアメリカで生まれ，1980年代に平木によって日本に導入されたコミュニケーションスキル（平木，2008）ですが，近年，職場や学校などの人間関係をよくするための方法として注目されるようになりました。アサーションとは，相手の基本的人権を侵すことなく，自分の気持ち，考え，欲求などを率直に，正直に，適切に伝えることを意味します。つまり，自分も相手も大切にする自己表現です（野末，2015）。「自己主張」と訳される場合もありますが，日本では自己主張というと否定的な意味が含まれるので，そのままアサーションと使われています。アサーションでは，自己表現を3つのタイプに分類します（表6-2）。

表6-2　自己表現の3つのタイプ（野末，2015）

	非主張的	攻撃的	アサーティブ
自己表現の特徴	• 自分の気持ちや考えや欲求を率直に表現しない • I'm not OK. You are OK. • 曖昧な言い方，遠回しな言い方，遠慮がちな言い方，小さな声で言う，など。	• 相手の気持ちや考えや欲求を考慮しないで自己主張する • I'm OK. You are not OK. • 暴力，大声を出す • 無視する，ばかにする，けなす，陰で悪口を言う，など • 自分の都合のいいように利用する	• 自分の気持ちや考えや欲求を率直に正直に表現する • I'm OK. You are OK. • I message • 相手の気持ちや考えを「聴く」ことも大切にする • 自分の弱さを認め表現することもできる
自分や相手への影響	• ストレスがたまる • 抑鬱感や無気力感などを伴う心身の変調 • 怒りをため込む • 相手に誤解される	• ストレスに気づきにくい • イライラしがち • 喫煙や飲酒による身体疾患 • 相手からの怒りや憎しみ • 相手からの信頼感や愛情を失う	• 自分と相手のその人らしさを大切にする • 話し合って歩み寄ろうとする • 肯定的なメッセージを伝える
背景にある要因	• 葛藤を避けたい気持ちが強すぎる • 嫌われたくない気持ちが強すぎる • 察してほしい気持ちが強すぎる • 自己犠牲が強すぎる • パートナーとのパワーの差 • 自己評価の低さ	• 優位に立ちたいという気持ち • 甘え • 自信過剰と根底にある不安 • 真面目で責任感が強すぎる • 自分の弱さを受容できない • 忙しい • 疲れている	• 自分と相手の気持ちや考えが異なるのは当然と考える • 適度な自信と謙虚さ • 自分自身が相手との関係の変化の鍵を握っている

Ⓒ日本・精神技術研究所

　1つは，「非主張的」なタイプです。このタイプは，自分の考えや欲求を率直に伝えていないか，伝えているつもりでも曖昧な言い方をするためにうまく相手に伝わらないタイプです。

　もう1つは，「攻撃的」なタイプで，自分の気持ちや欲求は率直に表現しますが，相手の気持ちや考えを考慮しないタイプです。これらのタイプでは，コミュニケーションはうまくいきません。かつての日本の夫は，「黙っておれについてこい」という攻撃的タイプ，女性は非主張的タイプに属するケースが多かったかもしれません。また，コミュニケーションの仕方の男女の差もあります。女性としては，「気がついてくれるはず」と思っていることが，男性にとっては「言ってくれないとわからない」場合が多いようです。しかし，このような自己表現では夫婦はどちらかが我慢することになり，決して心理的に健康であるとはいえなくなります。

　先に，夫婦間の良好さは自己開示ができるかどうかが重要だと述べましたが，第3番目の「アサーティブ」なタイプの自己表現を身につけることで，自己開示ができ，お互いの関係が改善することが可能になってきます。

　最後に，この章で説明したことの土台となっている研究は，2000年から2010年あたりのデータに基づいています。調査対象者の夫婦の多くは夫が主な家計を担い，妻は有職でもパートタイムの仕事が多いという夫婦が多く，実際の生活では明確に性別分業が行われているという状況です。

　今後，妻や夫の働き方や性別分業に対する価値観が変化することで，夫婦の関係も多少変化するかもしれません。妻に経済的な力がある場合は，我慢して夫との二人の生活を継続する必要はなくなります。しかし，価値観が変化しても互いに理解し合えるパートナーの存在が心理的な安定のために最も重要であることは変わらないでしょう。

　子どもが育った後の人生が短かった時代はともかく，現在は長寿化のために子育てをする時間の倍近くの時間が夫婦ふたりに待っています。その時間をどう過ごすかは，人生の後半をどう生きるかにも関係してきます。夫婦という関係を解消するのか，あるいはそのまま維持するのか，維持したいならどう改善するか夫と妻それぞれの努力と決断が重要になってきているのではないでしょうか。

コラム**6** 親の夫婦関係は子どもに影響する？

　中年期の夫婦関係は，その青年期の子どもの心理面にも影響するのでしょうか。子どもは青年期になると，自分の家族よりも友人や恋人との関係が重要になってきます。しかし，親の夫婦関係を子どもがどうとらえているかが，子ども自身の心理面に影響する可能性はあるようです。

　宇都宮（2005）は，女子大生136名を対象に，子どもとして父母の夫婦関係をどうとらえているかを調べ，不安傾向との関連を検討しています。そこでは父母が結婚を継続している理由が，結婚コミットメントとして4つの変数でとらえられています。それは「存在の全的受容・非代替性」（表6-1の人格的に該当，以後「非代替性」），「社会的圧力・無力感」（表6-1の諦め・機能的に該当，以後，「無力感」），「永続性の関係・集団志向」（表6-1の規範的に該当，以後，「集団志向」），「物質的依存・効率性」（表6-1の諦め・機能的に該当，以後「効率性」）です。図6-4はそのうち，母親が結婚を継続している理由（コミットメント）と，同居している子どもの不安の高さを示した結果です。「非代替性」の高群と低群との間，および「無力感」の高群と低群との間において子どもの不安得点に差があることが認められています。この場合の高群とは，「非代替性」であれば，母親は父親を尊敬し，唯一無二の存在としているから結婚を継続している，と強く思っている群です。「非代替性」の高群は低群より不安が低く，一方，母親は不満をもっているが諦めて結婚を継続しているととらえている「無力感」の高群は低群より不安が高くなっていました。父親についても同様の結果が得られています。また，この結果は，親と同居している者の方が別居している者より顕著でした。この研究の回答者は娘のみでしたが，中年期の夫婦関係は，その青年期にある子どもにも影響をもたらすと考えられます。

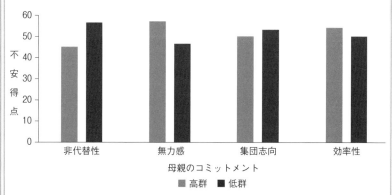

図6-4　母親の結婚コミットメント別女子青年の不安得点（宇都宮（2005）から作図）

●引用文献

林真一郎（2005）．男性役割と感情制御　風間書房

平木典子（2008）．アサーション・トレーニング―さわやかな「自己表現」のために　日本・精神技術研究所

石盛真徳・小杉考司・清水裕士・藤澤隆史・渡邊　太・武藤杏里（2017）．マルチレベル構造方程式モデリングによる夫婦ペアデータへのアプローチ：中年期の夫婦関係のあり方が夫婦関係満足度，家族の安定性，および主観的幸福感に及ぼす影響　実験社会心理学研究, *56*, 153-164.

伊藤裕子・相良順子（2015）．結婚コミットメント尺度の作成：中高年期を対象に　心理学研究, *86*, 42-48.

伊藤裕子・相良順子（2014）．夫婦関係における精神的健康指標のジェンダー差　心理学研究, *84*, 612-617.

伊藤裕子・池田政子・相良順子（2014）．夫婦関係と心理的健康　ナカニシヤ出版

Jackson, J. B., Miller, R. B., Oka, M., & Henry, R. G. (2014). Gender differences in marital satisfaction: A meta-analysis. *Journal of Marriage and Family, 76*, 105-129.

厚生労働省 令和元年（2019）．人口動態統計月報年計（概数）の概況　Retrieved from https://www.mhlw.go.jp/toukei/saikin/hw/jinkou/geppo/nengai19/index.html

野末武義（2015）．夫婦・カップルのためのアサーション　金子書房

岡本祐子（1997）．中年からのアイデンティティ発達の心理学　ナカニシヤ出版

相良順子・伊藤裕子・池田政子（2008）．夫婦の結婚満足度と家事・育児分担における理想と現実のずれ　家族心理学研究, *22*, 119-128.

菅原ますみ（2016）．子どもの青年期への移行，巣立ちと夫婦関係　宇都宮博・神谷哲司（編）夫と妻の生涯発達心理学（pp. 158-172）　福村出版

高井範子（1999）．対人関係性の視点による生き方態度の発達的研究　教育心理学研究, *47*, 317-327.

宇都宮　博（2005）．女子青年における不安と両親の夫婦関係に関する認知―子どもの目に映る父親と母親の結婚コミットメント―　教育心理学研究, *53*, 209-219.

ワーク6

以下の創作事例を読み，考えてみましょう。

ある夫の悩み

H夫は52歳。つい最近まで某大企業の部長職であった。一流大学，一流企業と順調に人生の階段を上ってきた。上の子どもは就職で家を出て，下の子どもは今年，私立大学に入学した。妻は家事，育児に専念し，H夫は休日も仕事の付き合いなどで常に多忙であった。ところが，ある日，重役への道も見えていたと思っていたにもかかわらず，子会社に出向するよう役員から急に言い渡された。収入は半減する。H夫は思い当たる節はあったが，それまでの会社に対する功績が大きかったので理不尽な仕打ちだと思い，初めて挫折を感じた。以来，眠れなくなった。妻にはこのことは言えない。家のことは妻に任せきりで，自分は一家を養うということに全精力をかけてきた。妻は子育てが一段落した現在は多くの習い事を始め，友人と旅行に出かけている。それを「お父さんのおかげ」と言ってくれている。妻や子どもをがっかりさせたくない。H夫はうつうつとして毎日を過ごしている。

ある妻の悩み

M子は62歳。結婚して40年が経つが，夫とはほとんどまともな会話をしたことがない。夫は生活する上で必要なことしか言わない。食事は一緒にしているが，話しかけても答えてくれない。「何が不満なの」と聞くと黙って自分の部屋に引っ込んでしまう。ふたりで時間を過ごすこともない。子どもが小さいときは，育児，家事とパートで精いっぱいで，夫との会話はなくてもよかったが，一昨年，夫が会社を退職してからは苦痛の日々が始まった。子どもは男の子が二人，結婚して家を出ている。長男の孫がかわいくて，今の楽しみはその孫が遊びに来てくれるときだけだ。M子は，リウマチを抱えていて，今後は一人では暮らしていけないと思う。治療にもお金がかかるので，夫にはいろいろな負担がかかってくると思う。それはわかっているが，今のような関係が続くと思うと夫との生活は耐えられない。毎日，不安と寂しさとで悶々とする日々だ。

■ 1.「ある夫の悩み」について，H夫はなぜ妻に自分の状況を話せないので
しょうか。考えてみましょう。
もし，妻がH夫の立場だったら，どういう展開が考えられるでしょうか。

■ 2.「ある妻の悩み」について，M子の問題点はなんでしょうか。
この夫妻が40年間結婚生活を維持してきた理由を考えてみましょう。
この夫婦にはどんな解決策があるでしょうか。

第 7 章　老年期と家族

　本章では，エリクソン（E. H. Erikson）の発達段階（表 1 （p. iv）参照）で，最後にあたる第 8 段階目の老年期に生じやすい出来事や変化に伴い，家族がそれらをどのようにとらえ，関わっているかについて考えていきます。

　平均寿命が延伸していることは広く知られていますが，人類学の視点からこの長寿化を説明するものとして「おばあさん仮説」（Hawkes et al., 1998）があります。チンパンジーなど大半の霊長類は死ぬ直前まで繁殖能力があり，この繁殖能力がなくなった時点で死の危険が増大します。ところが人間の場合，特に女性は 50 歳前後に閉経し生殖能力の喪失後も数十年間，生き続けます。人間だけが生殖能力を失った後も例外的に長寿であることの説明として，若い母親の出産や子育てを助けるため，すなわち孫の面倒を見るためである，と仮定するのがこのおばあさん仮説です。まだ仮説の域を出てはいませんが，高齢者の役割を説明する上で非常に重要です。近年の高齢者は昔の世代と比べると体力や知力が若返っていますし，今や人生は 100 年時代ともいわれています。私たちは長い老年期の中で，さらに身体的にも，社会的な役割や心理面においても，変化を遂げていきます。つまり老年期を一括りにすることは難しいといえるでしょう。そのため本章では，老年期を老年期前半，老年期後半，そして介護が必要になった段階の大きく 3 つに分けて，その心と家族との関係や支援について解説します。

1　老年期前半と家族

　アメリカの老年心理学者であるニューガーテン（Neugarten, 1974）は，65 歳から 74 歳までを**前期高齢者（young-old）**，75 歳以上を**後期高齢者（old-old）**

に分類することを提唱しました。さらに85歳以上は**超高齢者（oldest-old）**と呼ばれることもあります。老年期前半はこの前期高齢者の世代に該当し，総じて身体機能は維持されている方が多い段階です。

［1］世帯構成の変化

　家族との関係をみる上で世帯構成は大きな要素となります。65歳以上の高齢者の世帯構成の推移（内閣府，2021）によると，1980（昭和55）年では，世帯構成の中で子や孫世代とともに暮らす「三世代世帯」の占める割合が最も多く，全体の半数を占めていました。ところが，2019（令和元）年では，「三世代世帯」は1割を切り，「夫婦のみ世帯」が約3割と最も多く，次いで「単独世帯」となっています（図7-1）。

　つまり，子どもや孫たちと一緒に暮らす高齢者は減り，高齢者のみ，あるいは高齢者の一人暮らしの割合が増えています。ただし，同居の構成が変わってくることにも注意が必要です。例えば，「呼び寄せ高齢者」という言葉がありますが，これは，加齢とともに身体機能が低下することによって高齢者のみで暮らすことが難しくなったときに，別居していた子どもが自分たちの家，もしくは自宅近くに「呼び寄せ」て，住まうことを指します。このような変化は加齢の影響のみならず，例えば都市部で共働き夫婦が増加していることから，孫の世話を親に頼みたいと，地方から都市部へ高齢となった親を呼び寄せて同居

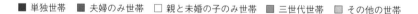

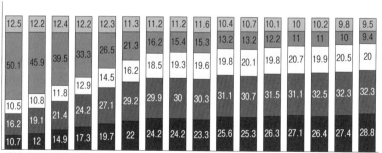

図7-1　65歳以上の高齢者がいる世帯構成別の割合（内閣府，2021を一部改変）

したり，近居することもあります。

　ところで，高齢者が，子どもや孫と同居し一緒に生活していきたいとどの程度思っているかについては，興味深い調査結果があります。内閣府の「高齢者の生活と意識に関する国際比較調査」(2021) によると，老後における子どもや孫との付き合い方について，「子どもや孫とは，いつも一緒に生活できるのがよい」が18.8％であり，「子どもや孫とは，ときどき会って食事や会話をするのがよい」が56.8％と半数を超えています。つまり，身体機能が保たれ，その多くが自分のことを自分でできる老年期前半の高齢者は，自分の時間や生活を大切にする個人化傾向にあるといえそうです。

[2] 定年退職を主とした変化

　古くは，収入を伴う仕事に従事していることが社会にとって価値があり，高齢者は何もできない惨めで役に立たない存在である，と考えられていました。この考え方に対するものとして，プロダクティブ・エイジングがあります。**プロダクティブ・エイジング（productive aging）**は，「生産的な老い」とも訳され，収入にはならないかもしれないが住民として価値のある活動ができる，という意味で高齢者はプロダクティブであり，社会にとってさまざまな貢献ができる世代（Butler & Gleason, 1985）と考えます。老年期前半は活力があり，プロダクティブ・エイジングの実現が特に可能な時期といえるでしょう。一方で，定年退職をはじめとした社会経済的地位の喪失などのライフイベントを経験する時期でもあります。

　ハヴィガースト（Havighurst, 1953）は高齢期の発達課題として，引退への適応を挙げています。長年勤めてきた仕事からの引退は人生における大きな出来事であり，適応できなければさまざまな問題を生じさせるものでもあります。これまで「部長」として会社で活躍してきた人が，ある日から自分を示す地位がなくなることに戸惑うこともあります。職場で必要とされてきたような感覚をもてなくなり，有用感が低下し，仕事以外の活動に消極的になる人もいるでしょう。例えば伊藤・相良（2012）によれば，定年退職を機とした余暇活動への参加の仕方や参加そのものが，その後の精神的健康度の低下に影響することを示しています。また西田（2006）は，定年退職自体は退職後の健康状態や生

活に直接的には影響しないものの，定年退職が老いの入口のネガティブなライフイベントとして認識されることや，老いを意識することそのものが退職後の活動性に影響することを明らかにしています。さらに川本他（2004）は，前期高齢者は他の高齢層よりも，同居者や配偶者がいること，地域行事に参加していることや運動などに従事していることが，精神的健康に良い効果をもたらすことを示しました。つまり，仕事や子・孫育てが一段落した高齢者は，これからの人生をどのように生きていくかについて，自分のやりたいことや生きがいを見出し，その時間を充実させながら，家族との交流が適度にあることで，老年期前半をより適応した状態で過ごすことができるといえます。

[3] 男性高齢者の孤独のリスクと家族の関係

　多くの高齢者が適応的な生活を送っていますが，仕事から引退しているこの時期には，それまでの職場での交友関係がなくなることから，孤立したり孤独を感じやすくなる人もいます。そしてこのような孤独については性差があることもわかってきました。山崎他（2020）は，老年期前半の高齢者に対するインタビュー調査から，同じ孤独を感じていても，女性はそのことをストレートに表現する傾向にあるのに対し，男性は孤独を直接的には表現しないため他者はわかりづらいといった「隠れ孤独」の存在の可能性を示唆しています。ここには，高齢男性が弱音を吐かない，という昭和の男性規範（伊藤，1996）が作用していると思われます。村山他（Murayama et al., 2021）も，一人暮らしの男性高齢者の援助要請に関する検討から，男性は女性と比して，困っていても援助をしてもらうための行動をとらない傾向にあることを示しています。また，高齢者の居場所に関する研究からは，さまざまな活動プログラムに参加する男性は女性と比して圧倒的に少ない（大久保他，2005）という性差があることもわかっています。つまり，総じて高齢の男性は，高齢女性よりも孤立しがちであり，孤立や孤独のリスクが高いといえるでしょう。家族はこのような男性高齢者のリスクの高さを理解し，家族以外の人とのつながりについても注意しておく必要があります。

2 老年期後半におけるフレイルと家族

　後期高齢者に該当する老年期後半は，個人差はあるものの総じて心身機能の低下が進む時期でもあります。本節では，新たに迎える後期高齢者の危機として，近年注目されているフレイルにおいて，家族がどのように関係していくかをみていきます。

[1] フレイルとは

　フレイル（frailty）は，高齢期において生理的予備脳（心身，社会性などが広い範囲でダメージを受けたときに回復できる力）が低下することでストレスに対する脆弱性が亢進し生活機能障害や要介護状態，死亡などの転帰に陥りやすい状態（荒井，2014）のことをいいます。従来は，「虚弱」や「老衰」などの表現が用いられ，加齢により心身が老いて衰えた状態は不可逆的であるという印象がありましたが，「フレイル」というカタカナ表記の日本語訳には，可逆的な意味合いが含まれています。現在は，さまざまな介入によってフレイルを改善させることや，フレイルの意義や予防の重要性を広く周知する介護予防の取り組みが推進されています。フレイルは，身体的要因だけでなく，精神・心理的要因および社会的要因があると考えられています（図7-2）。身体的フレイル

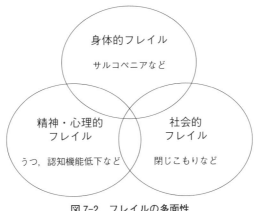

図7-2　フレイルの多面性

は，筋肉の加齢変化によるサルコペニアや運動器全体の機能低下となるロコモティブ・シンドローム，および，口腔機能の低下に着目したオーラルフレイルが存在します。精神・心理的フレイルは，うつや軽度認知障害が該当します。そして社会的フレイルとして，閉じこもりや独居などが出現するとされます。次節では，フレイルの中でも家族との関係が特に影響する社会的フレイルの閉じこもりと，精神・心理的フレイルのうつ傾向との関係について説明します。

[2] 閉じこもり高齢者と家族のかかわり

　社会的フレイルの背景として考えられている**閉じこもり**は，移動能力が保たれているけれども，「買い物や通院などを含み，外出頻度が週1回未満」（安村，2006）とされています。老年期は就労や教育を受ける義務がないため，たとえ家からあまり外に出ていなくても，「個人のライフスタイル」として看過されてきた側面があります。しかし，閉じこもり状態が長引くと，将来的に要介護状態や生活不活発病をもたらすことがわかっており（山崎他，2008a），フレイルの1つとして見過ごせません。閉じこもり高齢者は日頃の外出頻度が少ないため，非閉じこもり高齢者と比較して，近隣や友人との交流が少ないことが複数の調査結果から示されています。ところが，近隣や友人との交流以外にも，一緒に住んでいる家族との関係が希薄であることもわかってきました。山崎他（2008b）は，閉じこもり高齢者はそうではない高齢者と比較して，同居している家族との日頃の会話が少ない傾向にあり，家庭内で担う役割が少ないことを明らかにしています。つまり，閉じこもり高齢者は，非閉じこもり高齢者と比べると，家にいる時間が長く，同居している家族と接する時間が長いにもかかわらず，その家族との関係があまり良好ではないといえるでしょう。また，「日中独居」が閉じこもり状態に関連しているという知見もあります。日中独居とは，家族と同居しているけれども，日中は同居家族が働いているため，高齢者が一人暮らしのような状態になっていることを指します。山崎他（Yamazaki et al., 2021）は，閉じこもり高齢者，閉じこもりの前段階にある閉じこもり予備軍の高齢者，そして，非閉じこもり高齢者の3分類による閉じこもり度について地域に在住する高齢者を対象とした調査の結果，閉じこもり度が進むにつれて日中独居の頻度が高くなることを見出しました。つまり，家族

と同居していても，日中，高齢者一人だけで生活する時間が長いほど，高齢者は閉じこもり状態になっているのです。

　ところで，高齢者の閉じこもりと家族関係については，将来的に高齢者を閉じこもらせてしまう，特徴的な家族のかかわり方があることもわかってきています。山崎他（2017）は，閉じこもっていない地域高齢者と，その高齢者を最もよく知っている同居家族のペアデータを用いて，約一年半にわたる追跡調査を実施しています。その結果，家族が「高齢者本人を日頃から頼りにしていない」「家庭内で役割をもってもらわない」など，高齢者本人の能力を過小評価している場合に，高齢者が閉じこもりになってしまうことを明らかにしています。つまり，このような家族のネガティブなかかわり方が高齢者本人の前向きな情緒を阻害し，家に閉じこもりやすくするといった心理的影響があるといえるでしょう。さらに興味深いのは，「買い物などの用事を本人の代わりに家族が行う」「本人の送迎をしてあげる」といった，家族が本人にとって「良かれ」と思った日頃のかかわりも，将来的に高齢者が閉じこもりとなるリスクを高めることも確認されています。すなわち，家族が，「もう歳だから私たちがやってあげよう」という思いやりをもって接しているのですが，その「代わりにやってあげる」という一種の過保護的な行為が，高齢者本人の自立を阻害し，自宅からあまり動かない状態に陥っていることにつながるようです。過小評価によるかかわりでもなく，過保護になるかかわりでもなく，自立を促す適度な日頃の家族のかかわりが高齢者のフレイルを防ぎ，改善していく作用があると思われます。

[3] 高齢者のうつ傾向と同居家族の認識

　後期高齢者になると動作もゆっくりと緩慢になり，耳が遠くなる方もいます。かつてのように走ったり，快活に話をするということが難しくなる人も増えてきます。そのため家族は，そのような状態をいわゆる，高齢者の一般的な状態，としてとらえがちです。ところが，実際にはその影に高齢者のうつが潜んでいることがあります。山崎他（Yamazaki et al., 2016）は，高齢者と同居し高齢者本人を最もよく知る家族であっても，高齢者のうつ状態を正確に認識できないことを明らかにしています。具体的には，高齢者本人のうつ傾向が軽度の場

合は約 7 割，中程度の場合は約 6 割，さらにはうつ傾向が重度であっても約 5
割程度が，「高齢者本人にうつ傾向はない」と家族が判断しており，高齢者本
人と家族の認識には大きなずれがありました。この認識のずれには，高齢者に
対する家族側の「歳のせい」といった思い込みが，高齢者本人に対する日頃の
かかわり方に影響しているためであると思われます。フレイルは加齢による影
響もさることながら，家族の日頃のかかわりや認識の変化によって予防したり，
改善していく可能性がある状態といえるでしょう。

③ 介護の家族の心理

　人生の終盤は，身体機能がさらに低下し，個人差はあるものの他者のサポー
トなど介護が必要になってくる時期でもあります。介護を要する高齢者の状態
はさまざまですが，ここでは，特に家族のかかわりがせまられる認知症の方と
その介護に着目し，家族の心理について触れていきます。

[1] 認知症とは

　認知症は，一度獲得した知的機能が，後天的な脳の機能障害によって全般的
に低下し，社会生活や日常生活に支障をきたすようになった状態で，それが意
識障害のないときにみられる（日本精神神経学会，2017）ものです。歳をとる
と誰しも認知機能が低下します。しかし加齢による物忘れは，例えば，「昨日
の晩ご飯は何を食べたっけ」というように出来事の内容を思い出しにくい状態
であるのに対し，認知症の場合は，「晩ご飯を食べたかどうかわからない」など，
出来事そのものが思い出せません。認知症の多くは進行性ですが，治療方法は
現段階では症状の進行を遅らせる薬物療法や，対症療法が主であり認知機能が
元通りになることが見込めないものでもあります。

　認知症は単一のものではなく，その原因によっていくつかの種類があります
が，3 大認知症と呼ばれる有病率が高いものがあります（表 7-1）。

　最も有病率が高い**アルツハイマー型認知症**は，脳全般に β アミロイド蛋白が
蓄積し，脳神経細胞が変異，あるいは，脱落してしまうために起こる認知症で，
緩やかな発症とさまざまな認知機能の持続的な低下を特徴とします。**脳血管性**

表7-1　3大認知症のそれぞれの特徴

アルツハイマー型認知症	脳全般にβアミロイド蛋白が蓄積し，脳神経細胞が変異，あるいは，脱落する。症状は，緩やかな発症とさまざまな認知機能の持続的な低下など。
脳血管性認知症	脳の血管が詰まる脳梗塞などの血管障害に関連して現れる。症状は，記憶障害に加え，歩行障害や言語障害がみられることもある。
レビー小体型認知症	大脳皮質のαシヌクレインと呼ばれるタンパク質から構成されるレビー小体が出現し，神経細胞が変異・脱落する。症状は幻視やパーキンソン症状など。

認知症は，脳の血管が詰まる脳梗塞などの血管障害に関連して現れる認知症です。血管障害は脳のさまざまな場所でみられるため，認知機能の障害は個人によって差があり，障害を受けた脳の部位によって歩行障害や言語障害を伴うこともあります。**レビー小体型認知症**は，大脳皮質のαシヌクレインと呼ばれるタンパク質から構成されるレビー小体が出現し，神経細胞の変異・脱落が起こる病気です。大きな特徴として初期の段階から，ありありとした幻視や，体がこわばったり，動作が緩慢になるパーキンソン症状がみられます（小阪・池田，2010）。認知症の症状を整理すると，中核症状と周辺症状に大きく分かれます。中核症状はほぼすべての認知症にみられる症状で，記憶障害を代表とし，見当識や実行機能の障害などが含まれます。一方で，周辺症状は認知症に伴う行動の異常と心理症状を指し，BPSD（behavioral and psychological symptom of dementia）と呼ばれます。BPSDには，不安や抑うつ症状，妄想，幻覚などがありますが，身体的・心理的状態や環境要因によるものであるため，中核症状とは違って認知症の人すべてにみられるものではありません。全く症状がない人もいれば，いくつかの症状が現れる人もおり，個人差があります。つまり一言で認知症といっても，個人によってその症状が異なるため，家族介護者はそれぞれの症状に合わせた対応が求められます。

[2] 認知症介護における負担感

　先述のどの認知症においても，当事者は記憶が溢れていくような感覚に不安を抱いています。例えば，よく知っている道なのにどちらに進めばいいか，どこの角を曲がればいいか，突然わからなくなり不安です。また，今さっきまで

自分が何をしていたのかわからなくなり困惑することがあります。目の前から
物がなくなるので，誰かに盗まれているとしか思えないけども，それを家族に
訴えても取り合ってくれずイライラを感じることがあります。初めて聞いたの
に，「さっきも言ったでしょう？」と嫌な顔をされて萎縮し，動揺しています。
認知症の方はこれまでと異なる自分に戸惑い，驚異と不安，怒りなどを感じて
いるのです。自身が認知症を患い，その心情について記したブライデン
（Bryden, 2005）は，「自分がバラバラになっていく危機」にあるとしています。
そして認知症の自分たちの思いと苦しみに耳を傾け，価値と尊厳のある尊重す
べき人間として扱ってほしい，とその願いを訴えています。

　一方で，認知症の方を介護する家族も，症状の受け止め方や，変化への対応
に苦悩しています。認知症の高齢者は，記憶障害や能力低下が日々進んでいく
ため，誰かの助けなくして身の回りのことを一人で行うのが難しくなります。
家族は長年にわたり，自分の親や配偶者，兄弟姉妹としてこれまで大きな存在
であり，頼りにしてきた人が，突然，理解し難い言動を呈するようになったこ
とで，驚き，つらく，すぐに受け入れることが困難となることも少なくありま
せん。「こんなこともできなくなったのか」と残念に思い，本人に厳しく言い
聞かせようとしたり，叱責してしまうこともあります。認知症が進行しコミュ
ニケーションがとりづらい場合は，その分，家族の精神的負担も大きくなりま
す。さらに，他者にわかってもらえないという家族介護者の苦悩もあります。
例えば，認知症の初期は，症状が軽度であるため，身近な家族以外には介護の
負担がわかりづらい（安武他, 2007）ものです。しかしこの時期は，信頼して
いる介護者に対してより強く症状が出現しやすい時期でもあります。そのため，
家族介護者は誰に助けを求めればよいかわからず，社会的に孤立しやすい状況
に陥ります（杉山, 2002）。つまりより一層，**介護負担感**を高めることになって
いるのです。介護者の負担感の軽減について，佐伯・大坪（2008）は，認知症
高齢者を在宅介護している家族に対する調査から，主介護者とそれ以外の家族
が交流し，サポートし合うことで負担感が軽減することを明らかにしています。
また認知症家族の会のような家族員同士の交流に所属することで，孤立感が減
少し精神的にも余裕が出て，介護にも積極的になる可能性（田中, 2016）も示
唆されています。

[3] 施設入所に対する介護者の罪悪感

　在宅で介護が継続できない場合は，施設に入所することでケアを受けること
ができます。介護を必要とする人，つまり要介護者が施設入所し，専門家によ
る支援が受けられることは，本人にとっても家族にとっても安心できるもので
す。その一方で，慣れ親しんだ自宅を離れることは，高齢者本人はもちろん，
家族も心理的負担を伴います。アクサ生命による調査（2019）では，60代以降
の高齢者は，「自分が要介護状態になったときにどこで介護されたいか」の設
問に対し，「自宅」が約4割で最も多い一方で，「仮に子どもに介護施設への入
所を提案された場合にどのように感じるか」についての回答は，「自宅や家族
と離れるのは寂しい」「仕方がない」が8割を超えていました。すなわち，高齢
者自身は最後まで自宅で過ごしたいと思っていますが，そうすることで介護者
である家族に迷惑をかけてしまうことを危惧し，仕方なく入所を選択する，と
とらえているようです。施設に入所することによって，すべてを失った喪失感，
家族に見捨てられたという思い，他人の世話になる老い目，施設環境への違和
感などを味わう（小倉，2005）こともあり，家族はその心理状態を想像し支援
していくことが必要です。

　要介護者である高齢者が施設に入所した場合，家族の負担は減ります。しか
しそれと同時に別の心理的負担が増すこともわかっています。杉澤他（1992）
は，親を施設に入所させていることに対する家族介護者の罪悪感や羞恥心など
の負担感を明らかにしています。また，深澤他（2005）は，要介護者の施設入
所を嫌だと感じている家族介護者の割合は，約4割であり，高齢者本人のみな
らず介護をしている家族の立場としても，入所に対して懸念があることが明ら
かとなっています。周囲の人々は，主介護者のこのような心理的負担を慮り，
軽減していくようなサポートの姿勢が求められます。

[4] 介護経験から得られる徳

　ところで，本章の冒頭で述べたとおり，エリクソンが提唱した発達段階の最
後は第8段階の老年期ですが，後年，エリクソンの妻であるジョアン・エリク
ソン（J. Erikson）は，社会の長寿化に伴い80歳や90歳を超える高齢者は，
第8段階の人々とは異なる新たな困難が生じる，と考えるようになりました。

そして，一旦は第8段階の心理社会的課題である「統合」を獲得した高齢者も，身体能力の喪失による自立性の低下が大きな試練を与える，として第9段階を加えています（Erikson & Erikson, 1997）。第9段階では，能力の喪失や崩壊が顕著となるため，「その日その日を無事に過ごせるかどうかが関心の焦点」となります。ところがこのような厳しい状況においても高齢者は対処することが可能であり，その鍵となるものは，人生の出発点である発達段階の第一段階で獲得した，他者に対する基本的信頼感と考えられています。第9段階の危機に，その生涯で基本的信頼感を獲得し，生への願望や希望を有している超高齢者は，**老年的超越**（gero-transcendence）と呼ばれる，この時期に適応した心理特性をもつ（Erikson & Erikson, 1997）のです。老年的超越とは，無限性（死の恐怖の減少など），自己概念（身体的側面へのとらわれからの解放など），社会との関係（社会的慣習からの解放など）の3側面における価値的態度を指します（Tornstam, 2005）。日本人を対象とした調査からも，身体的，社会的な生活機能が低くても心理的に適応している超高齢者は，老年的超越が高い傾向にある（増井他，2010）ことがわかっています。さらに，過去の介護経験は老年的超越を高める可能性があることが見出されています（増井他，2018）。すなわち，家族としてさまざまな思いで親や配偶者を介護する経験が，高齢者を支えたという事実の他に，自分自身が介護を必要とする段階である超高齢者になった際に，より心理的に安定した状態である老年的超越を獲得している可能性が示されているといえるでしょう。人生の後半にさらなる成長を遂げる要因の1つとして，これまでの家族への介護経験と老年的超越の高さとの関連が示唆されていることは，家族との関係をふまえた生涯発達の視点からも興味深いものです。

コラム **7**　認知症ケアの新しい可能性―――――
―あなたはどのように過ごしたいですか？

　本文でも触れましたが，認知症の症状が進行すると，家の中でできることが少な
くなってきます。物忘れが激しく何度も同じことを聞くので，家族から鬱陶しがら
れたり怒られることがあります。コミュニケーションがうまくとれないことから，
認知症の方はますます落ち着かず，さまざまな症状を呈することがあります。この
ような生活が長引くと，認知症の方も介護する家族も，ストレスを感じ閉塞的な状
態になりがちです。認知症のケアは，ご本人はさることながら介護する家族への支
援でもあるといえるでしょう。

　最近，認知症の方へのケアとして注目されているものに，「農」を使った取り組
みがあります。筆者が関わっている稲作プログラム（宇良，2018）は，認知症の方
たちや病院スタッフ，地域のボランティアの方などが一緒に，田植えから稲の収穫
までを実施したり，農作物を育てるものですが，参加している認知症の方の症状に
大きな変化がもたらされています。例えば，当初，落ち着きがなく常に不安そうで，
時には攻撃的な言動がみられていた認知症の方がいました。症状が重くなってきた
ため，家族が介護を続けられず施設入所されていた経緯がありましたが，稲作プロ
グラムに参加し，仲間たちと稲や作物を育てる時間を過ごしたことで，精神的な落
ち着きを取り戻すとともに，家族や職員に対しても笑顔が増え，生き生きとした
日々の状態に戻られました。このような「農」によるケアは，おだやかに，かつ豊
かな感性を有して，自分らしさを生かしながら生活する人や状態があることに注目
しているものです。仲間と作業することの効果とともに，土を触ることそのものが，
人の心を退行させ穏やかにする作用も見込まれると思います。植物が育つ，成長を
目の当たりにすることによって，生き生きとした実感を取り戻されるのかもしれま
せん。「農」を扱うケアは，認知症の方はさることながら介護をする家族にとっても，
少しでも本人らしい時間を過ごし，お互いが納得して最期の時を迎えることができ
る，家族全体に対する1つのケアであるとも考えられます。

●引用文献

アクサ生命（2019）．介護に関する親と子の意識調査 2019

荒井秀典（2014）．フレイルの意義　日本老年医学雑誌, *51*, 497-501.

Butler, R. N., & Gleason, H. P.（1985）．*Productive aging: Enhancing vitality in later life.* New York: Springer.（岡本祐三（訳）（1998）．プロダクティブ・エイジング―高齢者は未来を切り開く　日本評論社）

Bryden, C.（2005）．*Dancing with dementia: My story of living positively with dementia.* London: Jessica Kingsley Publishers.（馬籠久美子・檜垣陽子（訳）（2012）．私は私になっていく―認知症とダンスを―改訂新版　クリエイツかもがわ）

Erikson, E. H., & Erikson, J. M.（1997）．*The life cycle completed.* Extended version. New York: W. W. Norton.（村瀬孝雄・近藤邦夫（訳）（2001）．ライフサイクル, その完結　増補版　みすず書房）

深澤浩樹・須貝祐一・水野陽子・松井典子・杉下知子（2005）．特別養護老人ホーム入所者の家族介護者における精神的健康とその関連要因　日本公衆衛生雑誌, *52*(5), 399-410.

Hawkes, K., O'Connell, J. F., Blurton, J. N., Alvarez, H., & Charnov, E. L.（1998）．Grandmothering, menopause, and the evolution of human life histories. *Anthropology, 95*, 1336-1339.

Havighurst, R. J.（1953）．*Human development and education* (3rd ed.). New York: Longmans.（児玉憲典・飯塚裕子（訳）（1997）．ハヴィガーストの発達課題と教育―生涯発達と人間形成　川島書店）

伊藤公雄（1996）．男性学入門　作品社

伊藤裕子・相良順子（2012）．中年期から高齢期における社会的活動と精神的健康　文京学院大学人間学部研究紀要, *13*, 85-99.

川本龍一・吉田　理・土井貴明（2004）．地域在住高齢者の精神的健康に関する調査　日本老年医学雑誌, *41*(1), 92-98.

小阪憲司・池田　学（2010）．レビー小体型認知症の臨床　医学書院

増井幸恵・権藤恭之・河合千恵子・呉田陽一・髙山　緑・中川　威・高橋龍太郎・藺牟田洋美（2010）．心理的 well-being が高い虚弱高齢者における老年的超越の特徴　老年社会科学, *32*, 33-46.

増井幸恵・権藤恭之・中川　威・小川まどか・石岡良子・蔡　羽淳・安元佐織・小野口航・髙山　緑・稲垣宏樹（2018）．前期高齢者における老年的超越の発達に対する介護経験の影響　日本心理学会第 82 回大会抄録集, 834.

Murayama, Y., Yamazaki, S., Hasebe, M., Takahashi, T., & Kobayashi, E.（2021）．How single older men reach poverty and its relationship with help-seeking preference. *Japanese Psychological Research, 63*(4), 406-420.

内閣府（2021）．第 9 回高齢者の生活と意識に関する国際比較調査　Retrieved from https://www8.cao.go.jp/kourei/ishiki/r02/zentai/pdf/0.pdf（2021 年 10 月 10 日）

内閣府（2021）．高齢社会白書　令和 3 年版

Neugarten, B. L.（1974）．Age groups in American society and the rise of young-old. *Annuals of the American Academy of Politics and Social Sciences, 9*, 187-198.

日本神経学会（監修）「認知症疾患診療ガイドライン」作成委員会（編）（2017）．認知症疾患診療ガイドライン 2017　医学書院

西田厚子・堀井とよみ・筒井裕子・平　英美（2006）．自治体定年退職者の退職後の生活と健康に関する実証研究　人間看護学研究, *4*, 75-86.

小倉啓子（2005）．特別養護老人ホーム入所者のホーム生活に対する不安・不満の拡大化プロセス　―‘個人生活ルーチン’の混乱　質的心理学研究, *4*(4), 75-92.

大久保豪・斎藤　民・李　賢情・吉江　悟・和久井君江・甲斐一郎（2005）．介護予防事業への男性参加にする事業要因の予備的検討―介護予防事業事例の検討から　日本公衆衛生雑誌, *52*(12), 1050-1058.

佐伯あゆみ・大坪靖直（2008）．認知症高齢者を在宅で介護する家族の家族機能と主介護者の介護負担感に関する研究　家族看護学研究, *13*(3), 132-142.

佐藤雅彦（2014）．認知症になった私が伝えたいこと　大月書店

杉澤秀博・横山博子・高橋正人（1992）．特別養護老人ホーム入所家族のメンタルヘルスに関する研究　社会老年学, *35*, 10-18.

杉山孝博（2002）．ぼけの法則　リヨン社

田中悠美子（2016）．介護家族のストレスとソーシャルサポート―認知症家族会の機能を考える　地域リハビリテーション, *11*(10), 658-662.

Tornstam, L. (2005). *Gerotranscendence: A developmental theory of positive aging.* New York: Springer.

宇良千秋・岡村　毅・山崎幸子・石黒太一・井部真澄・宮﨑眞也子・鳥島佳祐・川室　優（2018）．認知機能障害をもつ高齢者の社会的包摂の実現にむけた農業ケアの開発―稲作を中心としてプログラムのフィージビリティの検討　日本老年医学雑誌, *55*(1), 106-116.

山崎幸子・橋本美芽・藺牟田洋美・繁田雅弘・芳賀　博・安村誠司（2008a）．都市部在宅高齢者における閉じこもりの出現率および住環境を主とした関連要因　老年社会科学, *30*(1), 58-68.

山崎幸子・藺牟田洋美・橋本美芽・繁田雅弘・芳賀　博・安村誠司（2008b）．都市部在住高齢者における閉じこもりの家族および社会関係の特徴　日本保健科学学会誌, *11*(1), 20-27.

山崎幸子・安村誠司・後藤あや・佐々木瞳・大久保一郎・大野　裕・大原里子・大渕修一・杉山みち子・鈴木隆雄・本間　昭・曽根稔雅・辻　一郎（2010）．閉じこもり改善の関連要因の検討―介護予防継続的評価分析支援事業より　老年社会科学, *32*(1), 23-32.

山崎幸子・藺牟田洋美・増井幸恵・安村誠司（2017）．高齢者の閉じこもりをもたらす同居家族の関わりチェックリストの開発　老年社会科学, *39*(3), 352-364.

山崎幸子・村山　陽・長谷部雅美・高橋知也・小林江里香（2020）．単身高齢者の孤独に関する表現の性差　日本心理学会第84回大会抄録集　Retrieved from https://www.micenavi.jp/jpa84/search/detail_program/id:776（2021年10月10日）

Yamazaki, S., Imuta, H., & Yasumura, S. (2016). Depression in older adults: Do close family member recognized it? *Geriatrics & Gerontology International, 16*(12), 1350-1352.

Yamazaki, S., Imuta, H., & Fujita, K. (2021). Prevalence of and factors related to homebound and semi-homebound older adults in a rural area in Japan. *Geriatrics & Gerontology International,* doi 10.1111ggi.14288.

安村誠司（2006）．閉じこもりとは何か　安村誠司（編）地域で進める閉じこもり予防・支援―効果的な介護予防の展開に向けて（pp.14-23）　中央法規出版

安武　綾・五十嵐恵子・福嶋龍子・小玉敏江（2007）．認知症高齢者の家族の体験：症状発現から診断まで　老年看護学, *12*(1), 32-39.

ワーク 7

■ 1．次のような事例（創作）の場合，家族はどのようなかかわりをすること
　が，本人のフレイル予防や改善に有効だと思いますか？　同居している
　家族と，別居している家族に分けて考えてみましょう。

> 　76歳の男性Aさんは，自分のことは一通りなんでも自分でできます。ただ，
> ここのところ，足腰が弱ってきたと感じています。月2回の病院通いをしてい
> ますが，体力がなくなってきたせいか，通うことが少しずつ億劫になっている
> 状態です。以前は車で遠出することが趣味でしたが，つい先日，運転中によそ
> 見をしていて，人とぶつかりそうになってしまいました。結局，大事には至り
> ませんでしたが，それ以来，車の運転に自信がもてず，遠出もしなくなり，車
> に乗ることがほとんどなくなりました。Aさんは「もう歳だから，家族に迷惑
> をかけないように過ごした方が良いのかもしれない」と家の中で過ごす時間が
> 増えるようになっています。

[1]　Aさんの心理状態はどのようなものか考えてみましょう。

----

[2]　同居している家族の場合は，どのように関わることが良いと考えられます
か？　日常生活を思い浮かべながら考えてみましょう。

----

[3]　別居している家族の場合，どのように関わることが良いと考えられます
か？　日常生活を思い浮かべながら考えてみましょう。

■ 2. 次のような事例の場合の高齢者の心理状態と，介護者の心理状態について考えてみましょう。また，もし主介護者があなたのご両親だったとしたら，あなたはどのようにされるかも合わせて検討してみましょう。

> 娘夫婦と孫と一緒に暮らしている，86歳の女性Bさんは，2年前にアルツハイマー型認知症と診断されました。最近，症状が進んできたようで，夕方になると「家に帰る」と言い自宅から外に出ようとするので，介護者である娘のCさんが，「ここが家ですよ」と優しく諭しても，「帰る」と繰り返すばかりで，足を止めようとしません。どうやら自宅を忘れてしまったようです。あるとき，外に出て行ってしまい，行方を探し回った結果，約1時間後に公園で途方に暮れているBさんを発見したこともありました。Cさんは自分の仕事や，夫の世話に加え子育てもあり，Bさんをずっと見守ることが難しい状況です。

[1] 認知症のBさんの心理状態はどのようなものでしょうか？

----

[2] 介護者Cさんの心理状態はどのようなものでしょうか？

----

[3] 介護者Cさんがあなたの親であるとしたら，Cさんに対してあなたはどのようにサポートしたいと思いますか？

第 **8** 章　障害と家族

障害とは何だろう

　本章では**障害児**と家族はどう向き合っているのかについて，生涯発達の視点から考えていきます。ここでまず障害について，「不幸だ」とか「気の毒だ」という一方的な思い込みを，一度完全に捨て去っておきたいと思います。

　2000 年代に入ってすぐの大ベストセラー「**五体不満足**」の著者である**乙武洋匡**さんは先天性四肢欠損（生まれつき両腕と両足がない）という状態で産まれてきました。出産時のトラブルや母胎の病気でそうなったわけでもなく，原因不明のまま突然大きな障害を抱えてこの世に誕生してきたのでした。ただ，お母さんはそんな乙武さんを初めて見た瞬間，「かわいい」という言葉を発したそうです。乙武さんは母親から驚きや悲しみではなく，喜びの感情をもって迎えられたことで，ようやく自分は誕生したと自伝で述べています（乙武，2001）。障害は不便ですが，不幸でもないと言える背景には，家族の向き合い方が大きく影響することを示しています。

[1] 障害とされるもの

　現在のわが国では，障害児に対して**特別支援教育**という考え方で学校教育が進められています。これは，障害のあるあらゆる子どもの自立や社会参加に向けた主体的な取り組みを支援するという視点に立って，一人一人の教育的ニーズを把握し，その子どもがもっている力を高め，生活や学習上の困難を改善または克服するために，適切な指導および必要な支援を行うということです。また，特別支援教育は，知的な遅れのない発達の障害も対象とされ，特別な支援

を必要とする幼児児童生徒が在籍するすべての幼稚園，学校において実施されるものとされています（廣嶌，2018）。

　これは教育活動において何らかの配慮が必要とされる子どもには，きちんと向き合うということであり，しかも，特別な学校で行うものではなく，支援が必要な子どもが在籍するすべての学校で行うということです。このような立場で考える障害とは，医学的診断や心理判定から見えてくる障害よりも範囲が広くなり，しかも基準が曖昧になることもありますが，学校はどんな子どもとも向き合う決意表明といえるでしょう。一般に障害とされるものについて整理してみます（田中・木村，2009；納富・西山，2019）。

　最初に「見えない」障害について考えてみます。生まれつき見えない場合もあれば，病気や外傷によって見えていたのに見えなくなってしまう場合もあります。全く見えない方もいれば，点字，白杖（つえ），拡大鏡の利用で生活ができる場合もあります。こうした「視覚障害」は，人生のどんな時期に障害が生じるのかによっても，違った大変さになるようです。

　「聞こえない」障害も，生まれつきの場合と育ってから聞こえなくなる場合で，困り方には違いがあります。相手の口の動きを読み取る口話，手話，補聴器の利用で生活できることもあるとはいえ，こうした「聴覚障害」は，言葉が使えないことによって抽象的な概念を覚えるのにもひと苦労しますし，聞こえていないのに聞こえていると思われ，放っておかれて孤独を感じることもあります。

　「話すこと」の障害も，他者からは気づかれにくいものです。言葉をつくり出すことが難しい構音障害によって引っ込み思案になる場合もあれば，構音は明瞭でも話すことの流暢さやリズムに困難がある吃音（いわゆる「どもり」）があれば，やはり生きづらくなります。結果的に「言語障害」は心理的な影響が大きいコミュニケーションの障害と考えられます。

　誕生後の知的発達の遅れが顕著であり，他者との意思疎通が難しく，社会への適応が難しく日常生活の全般にわたって頻繁に援助が必要な方は「知的障害」があるとされます。実生活につながる生活の技術や態度を身につけられるように，穏やかな雰囲気で具体的な助言や教育を丁寧に行うことが大切になります。なお，成人以降で一度獲得した知能や生活経験の蓄積が，脳神経の病気や加齢によって低下するのは認知症です。知的障害と認知症は全く違います。

　前述した乙武さんのように，本来のあるべき手や足がない場合や，あったとしても自分の意思で動かせない場合，あるいは事故や病気で切断してしまい，生活に支障が生じている場合が「肢体不自由」です。車椅子，補装具，タブレット等を利用することで生活に問題がない場合もあります。肢体不自由も，生まれた時からなのか，それとも成長に伴って障害を抱えることになってしまったのかによって，困り方には違いがあるようです。

　ちょっとした風邪ではなく，慢性的な疾患で常に薬を服用する必要があったり，手術等で長期の入院を必要とし医療的な行動の制限が大きい場合が「病弱」です。近年は医療技術の進歩によって，入院等は短期間になりつつあります。

[2]　発達障害とは

　知的障害も発達に伴う障害なのですが，あらゆることで発達がアンバランスになっている人々を発達障害と呼び，特別支援教育はそうした人々も教育の対象としました。ここでは橋本他（2020）を参考にして整理してみます。

　「自閉症スペクトラム障害」は，知的障害がある自閉症と，知的な障害はない広汎性発達障害，高機能自閉症，アスペルガー症候群をまとめています。円滑な人間関係を築くことが難しく，言葉の発達に遅れや異なった意味理解があること，興味に偏りがあり，独特なこだわりが強いとされます。本人は普通に生活しているつもりでも，本人を取り巻く人々の間に心理的に大きな隔たりがあり，お互いに辛くなります。潜在能力は高いと思われます。

　「学習障害」とは，知的発達に遅れはありませんが，聞く，話す，読む，書く，計算する又は推論する能力について，その技能の活用と習得に著しい困難があるものです。本人が頑張ってもできないのに，先生や親はできて当たり前といって追い詰めれば，本人も大人も辛くなるばかりです。ちょっと勉強が苦手というものではないということを理解しておきたいものです。

　「注意欠陥/多動性障害」は，落ち着きがない，突然動きまわる，注意も散漫で物忘れが多かったりするので問題児とされます。また，子育ての失敗とされ親が責められることもあります。薬が効果的なこともありますが，強制的に動きを止めているので，本人にとってはかえって辛くなる場合があります。

　このような発達障害と呼ばれるものは，生物学的な要因で急激に増加したというよりも，少子化の時代に子どもそのものが多様化したということであり，概念や診断基準も拡大したので，障害のある子どもが増えたように感じる（小西，2011）という指摘があります。大切なことは，障害を治すという発想ではなく，子ども自身が不快や不満を感じている「困り感」に寄り添うことが大切です。そうすれば子どもは理解されたと安心して，潜在的な可能性を伸ばすチャンスが生まれます。この「困り感」に気づき，子どもの味方になり，成長に連れて必要になる支援や教育について，うまく応援してあげるのが家族の役割です。

2　家族からみた障害

　いかなる障害を抱えて生まれてきたとしても，「この家族のもとに生まれてきて良かった」と，後々子どもから思ってもらえる家族でありたいものです。そもそも家族というものは，ある日突然成立するものではありません。家族からみた障害について，家族という物語のはじまりから紐解いていきましょう。

[1] 障害のある家族がいるということ

　家族の中に障害のある人がいるということは，生物学的には何ら不思議なことではありません。顔つきも身体つきも，同じ人なんていないのですから，個性の偏りの延長線上として心身に不具合のある人がいるのは当然のことなのです。

　でも，実際に障害のある方が家族にいるということは，その家族は独自の課題をもっているということになります。つまり子どもに障害があるということは，（実は関係はなくても）遺伝かもしれないと思いこんだり，負い目，申し訳なさ，後悔といったものが親の心の中にある場合があります。そして親である自分が亡くなった後でも障害のあるわが子が生きていけるように，社会運動に力を注ぐ家族もあるでしょう。障害をバネにして家族が団結し，社会全体の支え合いを向上させることができるならば，精神分析でいうところの，納得のいかない現実を社会的に受け入れられる方向に置きかえる「昇華」とでも解釈で

きそうな，前向きな尊い家族の営みになりましょう。

　一方，障害のある家族のことは絶対に公表したくない，という場合もあります。例えば兄弟姉妹で，隠し通せるのであれば障害のある家族のことは内緒にしたいという思いがあることを否定することはできません。福祉施設に入所中の障害をもつ人々が殺傷される事件がありました（太田，2020）。被害者となった入所者の家族によっては，名前の公表を拒む場合がありました。その施設に入所していたことを秘密にしていたのかもしれません。家族の中にいる障害のある人に対してどう向き合うべきなのかは，実は正解のない難しい問いなのです。

[2] 出生前診断と間違った情報

　妊娠が確認されるということは，家族にとっては大変嬉しいことです。しかし，母胎が35歳以上であったり，すでに上の子が染色体の病気をもっている場合は，**出生前診断**を受けることを夫婦で相談することになるかもしれません。これは，もし生まれてくる子どもが障害児であるのならば，生まないという決断に至ることもあります。

　以前からある羊水染色体検査や超音波検査，そして無侵襲的出生前遺伝学的検査と医療技術はどんどん進歩しています。しかし，この技術の陰には，選択的人工妊娠中絶という命の選択に向き合うことを覚悟しなければなりません。今は生命科学の知識を活かした**遺伝カウンセリング**も確立されつつありますが，かかわりに限界があることも認識しておかなくてはなりません（室月，2020）。

　一方で，障害児と家族には必ずしも関わっていない医師や心理臨床家が「障害児は，子どもが欲しくない親のところに生まれる」とか「母が女性性を拒む家族のもとに生まれる」，または「『母親という存在』にはなりたくないとこだわる女性のところに障害児は生まれる」と根も葉もないことを吹聴しているということを高木（1985）は大変問題であると告発しています。こうしたデマには，絶対に惑わされてはいけません。一切根拠はありません。

[3] 誕 生 後

　子どもが誕生します。家族は本当に嬉しい時を迎えようとしています。分娩

直後の母親は，生まれてきた子どもの状態が気になります。無事に生まれたことを確認した後で，ようやく大きな仕事を成し遂げた満足感と安堵感に浸ります。ほんの少し前まで，自分のお腹の中にいたわが子とようやく対面できた喜びは，それは大きなものでしょう。

　ただ，大きな喜びのかたわらで，子どもの性別，顔つき，産毛，大きさ，色あい，産声などが，それまでに自分がイメージしていたものとはずれがあったりすると，喪失感情を抱く母親もいるようです。でも多くの母親はこれから何があってもこの子を守っていこうという強い思いが芽生え，親としての責任を果たそうと心に誓います（福田，2006）。

　ここで思い出されるのは，この章の冒頭で紹介した乙武さんのことです。実は乙武さんが生まれた直後の1ヶ月間，母親は乙武さんに会わせてもらえなかったそうです。母親も心配していたようですが，じっと待ってようやく対面し，前述のように「かわいい」といって手と足のない乙武さんと感動の対面を果たした，とのことです（乙武，2001）。ここでは，母親にどういうサポートがあったのか，もともと母親が精神的に強い方なのかは記されていないので，何も想像はできませんが，生まれたばかりのわが子と会う瞬間は，母親はもちろん他の家族にとっても，助産師や産科医といった医療スタッフにとっても，本当に緊張の一瞬です。この周産期（生まれる前後）は，実はちょっとしたかかわりのミスで障害に至る可能性が大きいことを医療者は知っているからなのです（小西，2011）。

　乙武さんの母親のように，障害について認めて受け入れることを「**障害受容**」といいますが，これは実は簡単なことではありません。段階説という奇形（生まれつき外見ですぐにわかる身体的な異常がある）がある子どもの誕生に対する親の反応について順序を追った仮説モデルによれば「ショック→否認→悲しみと怒り→適応→再起」という経過が示されています（太田，2021）。この経過について，このくらいの期間であるという目安はありませんので，年単位になることも見越して，産科医，助産師，小児科医，保健師，心理士といった家族ぐるみの臨床に経験のあるスタッフが関わる必要があるといえるでしょう。

[4] 幼 児 期

　とにかく子どもが生まれた後の1日，1週間，1ヶ月，1年は，初めての子どもであればもちろんのこと，第2子以降の場合でも，障害があろうとなかろうと驚きと喜びの連続でしょう。ニコニコ笑っているのに測ってみたら高熱を出していたとか，「あせも」がわからずに重い病気と思い込んで家族で落ち込んだとか，仕事に一所懸命だった祖父母が，わが子ではなく孫を育てることで，実質的に初めての子育てになる場合もあり，それが家族内をさらに大きく混乱させることも，決して珍しいことではありません。

　やがて子どもも家族も，少しずつ新しい人々との出会いが増えていきます。育っていくということは，この未知の人々との交流が積み重なることであり，その時間がどんどん長くなっていきます。障害がある子どもも，この新しい出会いとその仲間と過ごす時間が長くなることで，家族は少し寂しい思いをするかもしれませんが，そっと背中を押してあげなくてはなりません。それが社会で生きていくということです。ただ，障害があるということは，家族の中でも祖父母からすれば，心配のあまりつい過保護になってしまうかもしれません。家族の「ひとり立ち」には，喜びのかたわらで寂しさがつきまといます。

[5] 子育ての不安

　さて，幼児期には障害があると考えていなかった子どもの場合にも，子育て不安を感じ始める親がいます。子育ての毎日で，父親，母親は何かが「うまくいかない」と感じていますが，それでも他の子どもたちとの交流も増えていきます。そんなわが子が他の子どもたちと比べてみて，背が高い，足が速い，よくしゃべるといったときには，うまくいかない感覚は薄れていきますが，背が低い（小柄），足が遅い（運動が苦手），あまり話さない，ひとりでポツンとしている（コミュニケーションが下手）といったことが目立つと，子育てがうまくいかない感覚は一気に強まり，不安は増幅されていきます。

　田中（2011）によれば，後に発達障害と診断された親の80%前後の方々が，実は3歳以前から「わが子には何か，どこか気がかりだ」という違和感を抱いていて，しかし，気がかりがあるからといって急いで相談機関や医療機関に行こうとはせず，実際に専門機関に足が向くまでには，数ヶ月から数年以上の時

間が経って，ようやく心理判定や医学的診断を受けているということです。

　この背景には，専門機関に行って万が一，何らかの診断を受けてしまったらどうしようという不安があり，一方では楽観論というか，今は気がかりな子どもでも，これから保育所や幼稚園で新たな友だちができさえすれば，そして小学校に入り素敵な先生から教えてもらえれば，気になっているすべての問題は解決するはずだ，という淡い期待があるからなのでしょう。しかし親の本音は，不安であり心配でしょうがないのです。

　こうしてみると，もし子どもの行動が専門家から見れば，たやすく障害と判断できるような場合でも，親に向かって「なぜ，もっと早くここ（病院や相談所）に連れて来なかったの？」と口にすることは，絶対に戒めるべきです。それほどまでに親は，不安で心配であったとしても，子どもの気がかりは自分の思い過ごしであろうという，かすかな希望のもとで子育てをしています。そうした親の思いが土台にあって，親も迷いながら子どもの障害（かもしれない）という現実に向き合ってきたことをしっかりと受け止めるような，親と子どもをまとめて包み込む大きな優しさが専門家として関わる側には求められることになります。

　子育ては家族が皆で分担すべきものであり，母親がひとりで背負い込むべきものではありませんが，出産直後の誓いもあってか，特に母親自身は遺伝ではないかと自らを責めたり，育て方に問題があったのではないかと後悔することもあります。しかもこれはすぐに解消するものではありません。障害児がいる家族は，いくらかストレスは高めといえるかもしれません。

[6] 親子関係

　生まれつきの障害児がいる家族もあれば，成長して障害に気づく家族もあります。そして，親からすれば，わが子に障害があるとは思わずに子育てをしてきて，しかし，他の子どもとは違うなと思いつつ，子どもの育ちの途上で良いところと悪いところのデコボコが大き過ぎる場合には，現在の考え方として発達障害があるとみなされることになります。この章の第1節［2］で説明したものです。

　円滑な人間関係が築けない，聞き取れるのに字は読めない・字は読めるのに

計算だけができない，落ち着きがなく忘れものが多いという場合，親自身を含む家族も周囲の人々も，まず疑ってしまうのは，親がちゃんとしつけをしていないのではないかということです。一緒に暮らしている祖父母でさえも，わが孫がコントロール不能になれば，自分の関わり方には問題はなく，あくまでも母親のしつけが悪いと言い出す場合がありますので，家族全体のストレスが高まります。

　こうした発達障害とされる子どもが家族にいる場合で，実は親も似た傾向をもっている（つまり，親も実は発達障害の特性をもっている）場合は，意外と子どもの特性を理解しやすく葛藤が生じにくいようですが，逆に兄弟姉妹の中で定型発達と呼ばれる普通の育ちをする兄弟に対して，親は理解が困難になるという場合もみられるようです（三谷，2019）。

[7] 兄弟関係

　生まれつきのものであれ発達に伴って気づかれる障害であれ，障害児がいる家族では，一緒に暮らす兄弟姉妹に影響が及ぶことになります。障害児に保護が集中することもあれば，逆に障害児が放任されてしまうこともあります（青井，2019）。

　また前述したように，障害児の兄弟姉妹について，その存在を隠したいという思いをもつこともあります。障害のある兄弟姉妹を大切にしなければと思いつつも，そのせいで（障害がない兄弟姉妹である）自分が悪口を言われるのは嫌だ，自分の結婚などにも影響が出るのではないかと不安に思ってしまうという**同胞葛藤**と呼ばれる複雑な心の揺れが生じることもあります。

　障害児は第何子なのか，障害児は複数いるのか，どういった障害があるのかといったことが組み合わされることで，兄弟姉妹の生き方に及ぶ影響も多様なものになっていきます。ただ，これは悲観的なものばかりではありません。障害児に対して兄弟姉妹が献身的な役割を果たしていたり，障害児の生き方を通して他の兄弟姉妹もとても得難い貴重な経験を積み重ねていることにも気づきたいものです。

[8] 育ちと学齢期

　どんな障害があっても，子どもは発達しています。そしてもちろん，親も家族も発達しています。ただ親は，常にさまざまなとまどいを抱えています。例えば，将来的に親がいなくても自立して生きていけるようにと，養育はやや厳しくなるかもしれません。この背景には，家族ではない周囲の人々から障害があるから甘やかしているとは言われたくないという意地もあるでしょう。発達障害に関して社会の一部には十分な知識をもたず，理解しようとはしない人々がいることも現実ですので，発達障害の特性について親の甘やかしのせいだとは言われたくないことから，やはりやや厳しい育て方になってしまいます。でも本音は，厳しさの加減がわからなくなっているので，厳し過ぎたり甘やかし過ぎてしまったりして，バランスが悪くなっているともいえるでしょう。

　こうして「育てられる子ども」から，「育っていく児童・青年」へと移行していきます。障害児自身が自ら育っていくということは，自分の生き方（キャリアの選択）にも悩むことになります。家族はその決定を認めたり，時に慎重さを求めたりして，共に人生の歩みを進めていくことになります。障害がなくても，進路に関する議論は家庭内に混乱を生む場合がありますし，障害がある場合は，うまくコミュニケーションがとれなかったり，例えば祖父祖母の信念が強過ぎたりするとさらに少し複雑さが増すこともあるでしょう。

　でも，現代の学校と社会全体は，障害のある人々に対して，緩やかではありますが優しい風が吹いてきているようにも思えます。

　例えば学校教育も，通常の教育と障害のある子の教育という二分法ではない特別支援教育が行き渡っています。地域によっては差があるでしょうが，通常学級に在籍しつつその子に必要な教育支援は通級指導教室で学んだり，学校の中では教科指導の教員以外に相談や法律に詳しい専門家が対応してくれるようになっています。高校も特別支援学校の高等部や広域通信制高校といったものが整備されつつあります。大学についても，学生相談や障害学生に対する支援の充実が進んでいます。学びたい専門，挑んでみたいことを明確にして大学のアドミッションセンター（入試専門部門）に問い合わせてみることが大切です（納富・西山，2019）。

　ここで重要なのは教育機関に関する情報の収集です。その情報について，考

え方の違いを認めつつ家族が皆で議論することが求められます。なにしろ学費であれ教材費であれ，お金が絡む場合もありますから，熱心さに配偶者間で違いがあると家庭不和になることもあります（岡嶋，2021）。

［9］就　　労

　成人になり仕事によって社会参加を果たす可能性を目指したくなります。「障害者差別解消法」の施行を含めて障害者の雇用も徐々に充実しつつあります。地域障害者職業センターでジョブコーチの応援を得て，うまくマッチした職場が見つかることもあるでしょう。また，家族が一念発起してわが子を含めた障害のある人々のための福祉施設を開設する場合もあります。

　こうした可能性を広げるためにも，障害を理由にチャンスが奪われることなく**機会の平等**を確保させたり，**合理的配慮**（障害特性に応じた個別の配慮）で乗り越えたいといったことについて，障害のある人にひとりでさせるのではなく，ほどよい距離を保ちつつ家族が伴走者になっていくことが大切になります。

［10］結　　婚

　もう障害「児」と呼ぶにはふさわしくない年齢になり，青年・成人期の生活が充実しているのであれば，おのずと考えるのは結婚です。現代の社会は，ずっと結婚せずに生きる方を「おひとりさま」と呼んだり，結婚も晩婚化が顕著であったり，同性同士が事実上の婚姻生活を送るなど，多様な「結婚」のスタイルがみられます。また結婚相手を探すことを「婚活」と呼び，旧来のお見合いのようなものよりもスマートフォンを活用した「出会い系サイト」といったインターネットを介したいわゆる「お見合い」も日常的にみられるようになってきました。

　こうした現状からうかがえることは，結婚をめぐる価値観が大きく変化しており多様化も進んでいるので，障害があったとしてもそれを個性として認め合える関係性が築けるのであれば，結婚も不可能なものではないのです。このとき，家族も旧来の考え方にしばられずに，一番身近な応援団として冷静に恋の行方を見守ってあげられるとよいのではないかと思います。といいますのも，中には「結婚詐欺師」的な連中が接近してくることもあるからです。

[11] 老いと死

やがて家族も老いて，死について考えなくてはならない時がきます。当然，障害がある人も老い，死に近づいていきます。障害があろうとかなかろうと，身体的・心理的には加齢（歳をとること）による影響が強く出てきます。高齢になって病気やケガを負い，新たな障害を背負うこともあるでしょう。障害のある人が落ち着いて暮らしているのに，健康だった家族の方が突然の病で先に亡くなったり認知症を患ったりして，障害のある方から家族の方がケアを受ける側になることもありえます。

こうしてみると，ただでさえ個体差が大きな高齢期の家族の風景は，障害のある方がいることで，より一層の多様な景色になることが予想されます。悲観的にならないことが大切です。福祉や医療のサービスを活用しながら，決して家族だけで孤立せず，周囲にも頼りながら穏やかな暮らしを模索するのが家族の最後の大きな仕事となりましょう（田中・木村，2009）。

3 障害が家族を個性的に

障害があっても気にならない家族はどんな家族でしょうか。この章の冒頭で紹介したように，生まれつき障害があったとしても，家族（母親）に歓迎された乙武さんは幸いでした。また，自分は普通に生きているつもりでも，何か違和感があり，青年になってから専門家の講演を聴いたことで「自分は発達障害なんだ」と自覚し，その後も本人の紆余曲折に富んだ生き方を家族が許容してくれたことで，自分のライフスタイルを確立した方もいます（高森，2007）。

障害児がいる家族も，家族だけで小さく固まって，障害は不幸だということにとらわれて，家族同士で傷つけ合うのではなく，ほどよく専門スタッフにも頼りながら年齢を重ねていくことで，障害が個性に思えるような素敵な年齢の重ね方もあります（氏家他，1998）。家族だけで障害を抱え込まないことです。家族以外の仲間，専門家にも頼りながら，障害の不便さはあきらめて小さな希望を見つけていければ，障害のある方もいる個性的な家族として楽しく過ごせるのではないでしょうか（氏家，2010）。

コラム **8**　障害児がいる家族は不幸ですか？　いいえ，ちがいます——

　ある夫婦のもとに，待望の赤ちゃんが生まれました。大喜びです。その夫婦以上に大喜びだったのは，父親の父親，つまりその赤ちゃんのおじいちゃんでした。なぜかというと，自分は仕事一筋で子育ては一切しないまま歳をとってしまいました。同年代の高齢者である昔の同僚にはすでに孫がいて，とても楽しそうです。ちょっぴり悔しかったのです。そこで自分も今度は子育て（孫育て？）を一所懸命頑張ろうと心の中で誓っていたのでした。

　ところがこの赤ちゃんには，ある障害が見つかったのです。でも，お父さんとお母さんは障害をしっかりと受容して，この子にとって最も成長が期待できることをしていこうと前向きでした。ところが家族の中に問題が生じました。おじいちゃんが孫の障害にショックを受けて，がっかりしているのです。

　おじいさんは，昔の同僚に会いに行くのも苦痛になりました。よその孫の自慢話を聞かされるのはイヤだな，と思ってためらっていたら，後ろから声をかけられました。声をかけてよこした人は，車椅子に乗ったかなり大変そうな障害のある方でした。なんと，おじいさんが途中で落とした財布やスマホを拾ってくれて，おじいさんを追いかけて届けてくれたのでした。おじいさんも，自分が落とし物をしたことに恥ずかしいやら，でも，届けてくれたことに対しては嬉しいし，何よりも見るからに大変そうな障害のある方が自分を救ってくれたことに，とても感激したのでした。

　おじいさんは御礼をして，失礼かと思いつつ，ついこう尋ねてしまったのです。「幸せですか？」と。すると障害のある方は笑顔で「不便ですが，不幸ではありません。家族に大切に育ててもらいましたからね」と答えました。

　おじいさんは，質問が失礼であったことをお詫びして，さらに落とし物を拾ってくれたことにも感謝して大急ぎで帰宅し，孫にいっぱい話しかけ，楽しい時間を過ごすようになりました。この時を境にして，誰にも負けない「孫育てじいさん」になりました。

　障害を抱えつつも孫は発達します。おじいさんは衰えていく一方で，一緒に遊べる機会は少なくなりましたが，孫にふさわしい教育や福祉についての勉強も始めました。あるとき，昔の同僚から「お前，若い時よりも充実しているな」と言われるまでになりました。障害があっても不幸ではありません。家族の力は，障害を乗り越える可能性を秘めています。

●参考文献

氏家靖浩（2015）．重複障害児教育の現状と課題　菅原伸康（編著）エピソードで学ぶ障碍の重い子どもの理解と支援（pp.57-74）ミネルヴァ書房

●引用文献

青井夕貴（2019）．保護者に対する理解および保護者間の交流や支え合いの意義と支援　西村重稀・水田敏郎（編）　障害児保育（pp. 145-158）　中央法規出版

福田佳織（2006）．子どもの誕生と家族　尾形和男（編）　家族の関わりから考える生涯発達心理学（pp. 1-16）　北大路書房

橋本創一・上村恵津子・小林　玄・小島道生・霜田浩信・氏家靖浩（2020）．特別支援教育　学校心理士認定運営機構（編）　学校心理学ガイドブック［第4版］（pp. 137-155）　風間書房

廣嶌　忍（2018）．特別支援教育の現在　宮川充司・津村俊充・中西由里・大野木裕明（編）　スクールカウンセリングと発達支援［改訂版］（pp. 193-204）　ナカニシヤ出版

小西行郎（2011）．発達障害の子どもを理解する　集英社

高森　明（2007）．アスペルガー当事者が語る特別支援教育―スロー・ランナーのすすめ　金子書房

三谷聖也（2019）．発達障害と家族支援　中釜洋子・野末武義・布柴靖枝・無藤清子（編）　家族心理学―家族システムの発達と臨床的援助［第2版］（pp. 199-212）　有斐閣

室月　淳（2020）．出生前診断の現場から―専門医が考える「命の選択」　集英社

納富恵子・西山久子（2019）．合理的配慮提供ヒントブック―基礎編―　福岡教育大学

岡嶋裕史（2021）．大学教授，発達障害の子を育てる　光文社

太田順一郎（2020）．相模原事件　『精神医療』編集委員会（編）　精神医療100号（精神医療改革事典）（pp. 36-37）　批評社

太田雅代（2021）．発達障害児とその家族支援　大浦賢治（編）　実践につながる新しい子どもの理解と援助―いま，ここに生きる子どもの育ちをみつめて（pp. 133-156）　ミネルヴァ書房

乙武洋匡（2001）．五体不満足　完全版　講談社

高木隆郎（1985）．児童精神科のお話　合同出版

田中農夫男・木村　進（2009）．ライフサイクルからよむ障害者の心理と支援　福村出版

田中康雄（2011）．発達障害のある子どもの家族を応援する　こころの科学，*155*, 20-24.

氏家靖浩（2010）．「障害」とは何かを問い続けよう―支援者が心得ておきたいこと　発達，*123*, 47-53.

氏家靖浩・荒井祐子・藤島省太（1998）．加齢精神障害者にとっての学齢期―学校心理士の業務を考える一助として　日本教育心理学会第40回総会発表論文集，138.

ワーク 8

■ 1．障害児のいる家族が相談できるところは？

　家族の中に障害をもつ人がいる場合，すぐに相談できるところを知っておくと，困りごとが起きたときに冷静に対処できると思われます。

　以下にいくつかの代表的な相談機関を挙げますので，それぞれに期待できること，慎重にならなければならないことについて調べてみましょう。

（1）保健所

（2）社会福祉協議会

（3）児童相談所

（4）病院・医院（医療機関）

（5）総合教育センター

（6）弁護士

■ 2. 障害児が兄弟姉妹にいたらどんな家族になるだろう?

　家族の中で兄弟姉妹のどの人に障害があるのかによって, 家族の関係性にさまざまな影響が出るものと思われます。障害を想定し（年齢や性別, 家族構成も仮定して）, その家族が体験する喜びや困難には, どういったものがあるのか想像して下記に記入してみましょう。

　また, 記入したものを自分の家族や友だちと見せ合い, 意見交換をしてみましょう。

想定する障害　[　　　　　　　　　　]
障害がある家族　[年齢　　　　　性別　　　　　]
家族構成　[　　　　　　　　　　　]

兄・姉にあたる上の子に障害がある家族

弟・妹にあたる下の子に障害がある家族

兄弟姉妹のすべてに障害がある家族

第 9 章 家族療法とは

　この章では家族療法について学びます。カウンセラーのお薦め本の中に，『モリー先生との火曜日』があります。この本でモリー先生は，家族についてこう語っています。「人びとがよりどころにする根拠というか，基盤というか，それが今日では家族以外には何もないんだよ。病気にかかってからそのことがはっきり感じられるようになった。家族から得られる支えとか愛とか，思いやりとか気づかいとかがなければ，人にはほかに何もないようなものだ」。そして友だちは夜になれば離れることができるが，家族はずっと一緒にいる，喧嘩しても同じ家にいる。常に一緒にいることが重要だと述べています。家族と一緒にいることが当たり前ではありますが，時には邪魔になったり，うるさく感じたりすることもあるかもしれません，しかしそれでも一緒にいる，一緒にいることで家族が自分のことを身近で守ってくれていると感じられ，安心して生活できるのかもしれません。

　本当は自分のことを一番わかっている存在の家族とうまく交流ができなかったら，どうしたらいいのでしょうか。もし家族に亀裂が入ってしまったら，どうやって修復したらいいのでしょうか。

 家族療法のはじまり

　家族療法について吉村（2014）は，家族を個人の単なる総和とみるのではなく，お互いに影響を与え合うひとまとまりの単位とみなして，心理療法の対象とするアプローチであると定義しています。

　家族療法は，1940年代後期から1950年代にかけて米国の少数のセンターで発祥し，その後西欧各国全般に広がりました（Barker, 1986 中村・信国監訳

1993)。当初は，家族が悪影響を与えていると考え，家族から引き離すことで回復を測ろうとしていました。患者たちの具合が悪くなるのは，親との不健全な小児期のかかわりに遡ると信じ，家族が原因の1つと考えていました。アッカーマン（Ackerman, 1958）は家族歴を詳細に調査し研究をしましたが，家族のあり方をどのように研究したらいいのか，考えあぐねていました。問題は家族内での個人間の現在起こっている相互作用や個人と他の社会システムとの間で起こっている相互作用と関連があると考え，問題の原因は，人の過去の歴史に由来するというより，その人の現在の社会や家族システムの中にあると，考えるようになりました。

2 家族療法の理論

[1] 家族システム論

　家族とは年齢や性別が異なり，ものの見方や振る舞い方もそれぞれにユニークな個性をもった人が集まっていて，お互いに影響をし合いながら共に生活をしています。同じ家族として生活しているからといって必ずしもよく似た子どもが育つわけではなく，家族の影響と全く独立して個人の成長や発達があるわけでもありません。家族と個人の生きる場を，できるだけ現実に即して理解しようというねらいから，家族システムが提唱されたと述べています。中釜（2019）は，システムとは「意味のある要素のまとまり」と定義しており，つまり意味がないまとまりでは，システムにならないことになります。家族は一人ひとりのメンバーが生まれたときから関わり，関係性があり，歴史を共有していることから，システムとみなすことができるのです。システムには，境界にはばまれ情報のない**閉じたシステム**と外界との間で情報のやりとりがある**開かれたシステム**があります。

　閉じたシステムの場合，原因と結果が明確で物事の因果の流れを辿ることができます。「母親が口うるさいので，子どもが無口になった」「子どもが無口なのは，母親が口うるさいからだ」このように，原因⇔結果という**直接的因果律**になります。

　開かれたシステムの場合は，関わり合うすべてのことがお互いに影響を与え

つつ機能するため，因果の流れを辿ることが困難になります。原因と結果が円環的，循環的にまわり，多方向にわたる相互的連鎖を**円環的因果律**といいます。

　家族の問題は，さまざまな相互影響関係により起こり，家族全員（祖父母・両親・子ども・叔父（伯父）・叔母（伯母）など）が関与したり，巻き込まれたりしているのが，現実です。つまり問題が，直接因果律で，原因と結果が直接結びついていることは少なく，円環的因果律で相互的連鎖を探っていかないと，問題が見えてこないことが多くみられます。

　家族療法では，症状や問題を示した人を，患者とは呼ばず，IP（Identified Patient, Index Patient）と呼びます。IP とは「患者とみなされた人」という意味であり，家族システムの中で，たまたま問題や症状を呈した人，家族システムや家族を取り巻くシステムがうまく機能していないことを示している人と考えています。平木（2019）は，IP は個人の SOS（救助信号）であると同時に，より大きなシステムの SOS でもあり，個人が症状や問題をもつことで，無意識に家族システムを支えている可能性もあると述べています。例えば，夫婦仲が悪くていつも喧嘩ばかりしてた両親を見ていた子どもが，学校を休むことで，自分を心配して，両親が仲良くなるのではないかと考えることなどが挙げられます。IP は自分が何かを起こせば，家族のシステムが変わり，何か良い変化が起こるのではと考えるのです。しかし，悪循環になる場合も考えられます。例えば子どもが学校を休む，父親が母親に「子どもを甘やかすからこんなことになるんだ」と怒る。子どもは自分がいけないから両親が喧嘩すると思ってしまうというような場合です。

　家族の問題や症状をめぐる悪循環は当事者の家族には見えにくいので，円環的相互作用を観察して，その悪循環のどこが変化すればシステムの健全な相互作用が回復するのかを，カウンセラーが家族に教えてあげる必要があるのです。

　家族システム理論の治療目標は，家族内にある問題解決能力の促進や，家族としての健康さの回復に重点を置くことです。これらのことを行うためには，家族が同席して話し合うことが必要になってきます。お互いの関係を見直し，このような状況になったことを考え，自分たちなりの解決方法を導き，実行してみることになるでしょう。システムはすぐ変わるとは限りません。何度も同じ穴に落ち，IP の症状は悪くなることもあると思います。しかし家族の力を信

じて，悪循環相互作用から抜け出す努力が必要になります。まず，**家族の構造**
である父母と子どもの世代間境界は，明確にする必要があります。父子・母子
の関係が深いと，境界が曖昧になり，夫婦サブシステム・子どもサブシステム
の自律性が保てなくなります。しかし境界が硬直すると，情報や刺激が伝わり
にくくなります。そこで家族のリーダーシップを父母システムでしっかり担い，
ヒエラルキーをつくることが健康な家族関係を構築することになるでしょう。

　最近は「親代わりの子ども」によって支えられた家族がみられます。いまこ
そ父母システムを発揮するチャンスかもしれません。

[2] 戦略的家族療法

　戦略的療法には多くの形がありますが，家族やクライエントの種々の問題を
解決するために，戦略を考案することです。マダネス（Madanes, 1981）によ
れば，「治療者は明確な目的を設定するが，その中に必ず主訴の問題の解決を
含める。戦略的療法が強調するのは，すべての事例に適用されるような方法で
はなく，それぞれの特定の問題を解決するような戦略を考案することである」
ということです。

　戦略的方法とは，次のようなものです。

① リフレーミング

　バーカー（Barker, 1986 中村・信国監訳 1993）は，ある行動，ある一連の
やりとり，ある関係，現状を，今までと異なった側面からみてその特徴に**新し
い意味を付与する過程**であると述べています。例えば部屋をとてもきれいにし
ていた人がいるとして，その人が，絨毯についた足跡をとても嫌い，足跡を発
見すると，汚いと感じ不安定になったとします。そこでカウンセラーは，足跡
が全くないきれいな絨毯を想像させ，ふわふわできれいな絨毯が維持されてい
るということは，誰も訪ねて来ない孤独なことを意味すると指摘します。それ
から絨毯に2つの足あとを想像させ，この世の中で一番愛する人が近くにいる
と想像させます。その結果足跡はこうして新しい意味づけを与えられ，足あと
があっても耐えられることができるようになり，足跡がある方が幸せと感じら
れるようになったのです。

② パラドックス

逆説的方法を用いた療法になります。人間のコミュニケーションにパラドックスを用いることは，よくあります。例えば，かくれんぼをしているときに，捕まらないように隠れているのですが，心の奥では見つけてほしいと思うことがあるでしょう。目標を達成するために，合理的と思われる目標の逆を実行するように指示します。「絶対に誰にも見つからないように隠れてください」と指示します。もし見つからなければ，目標を達成したことになりますし，見つかってしまった場合は，目標は達成できなかったけれど，見つけてもらえたという良い結果を招くことになります。

③ やりとりの順序を変える

固定してしまった問題が絡んでいる場合に**行動パターンを変化**させることです。ヘイリー（Haley，1973）が報告した事例があります。夫婦でレストランを経営していますが，このことで喧嘩が絶えない事例です。

> 夫婦でお店に行く→夫婦ですべての鍵を開ける→レストラン開店の準備をする→夫が買い物（妻は帳簿整理について不満）→床磨きが必要なところがある（妻は愚痴を言い続ける）→夫は自分でレストラン経営したいが，妻が反論。

では，この状況で，**やりとりの順序**を変えてみましょう。

> 妻は自宅で朝食の食器洗いをする，いくつかの家事をこなす→夫は妻より30分先にレストランに行く→夫がすべての鍵をあける→業務にむけてレストランの準備を始める→業務が回転し始めて満足する→妻が到着する。

順番を少し変える単純なやり方で，夫婦喧嘩のルールを変えて，今までの言い合いのバランスを崩し，問題の解決を導いたのです。いつもの喧嘩に陥るやり方の順序を変える，固定してしまった問題を解決する方法です。

④ 隠喩—あるものを別のものにたとえる

考えや情報を伝達する手段として，人はこれまでずっと隠喩を用いてきました。ギリシャ神話，聖書の寓話，おとぎ話がその例です。直接的なコミュニケーションが有効でないとき，そのメッセージを隠喩で伝えると成功するのでは

ないかと考えたのです（Gordon, 1978）。イソップ物語の「欲張りな犬」を知っているでしょうか。例えばお菓子の取り合いで兄弟喧嘩をしている子どもに，「お菓子の取り合いはしないの」と言っても聞かないときに，「欲張りな犬」を読んであげると，二人で取り合って，損をすることもあるかもしれないと考え，喧嘩をやめるようになるという方法です。隠喩の方法は多くあり，①複雑な心を物語にする，②目標達成のための逸話や小話，③一言，一句ほどの短い隠喩表現，④関係に関する隠喩（家族の関係を使って，他の家族を隠喩に用いるもの。父親が面接に欠席の場合に「父親が欠席しているのは，カウンセラーの配慮がないからだと感じていますか」と他の家族に質問すること），家族に自分自身と欠席している父親との関係を考えさせるものになります。

⑤ 儀　　式

　考えを伝達したり要点を明確化したり，**行動の順序を変えたりする**ための方法です。ウォーレス（Wallace, 1966）は「通過儀式とは，参加者に対して彼らの関係が新たな段階に至ったことを教育し，それらを公に知らしめ，実際にその関係を開始させる儀式である」と述べています。例えば，長年飼っていたペットが亡くなってしまった。悲しくて毎日沈み込んでおり，うつ状態になり仕事もできなくなってしまった人が相談に来ました。このときカウンセラーは，お別れの儀式を提案しました。ペットの思い出の品やペットとの写真を集め，取っておきたいものを入れる箱，捨ててもいい箱を用意し，ペットとの思い出の品や写真を分けるように指示しました。捨ててもいい箱の方は，処分します。このとき，悲しかったら泣きたいだけ泣いていいと指示します。取っておきたい箱は，丁寧に包んで裏庭に穴を掘って埋めるように指示しました。これはペットとの楽しい思い出だけを取っておく象徴としての行動になります。その後面接では「大切な思い出が多いと思っていたのに，つまらない物や変な写真も多くあり，整理できてすっきりしました」と報告がありました。気分も良くなって，落ち込みから回復したとのこと，ペットを失ったことに対する喪の作業を進めることができ，別離を受け入れることができるようになったようです。このように，儀式をすることで，今の困難な状況から抜け出すことができるようになるのです。

[3] 多世代家族療法

　多世代家族療法は，ボーエン（Bowen, 1978）が体系化した家族アプローチです。問題把握と変化への手がかりを探るために数世代にわたる家族の歴史や経験，当該家族の発達の様態や家族間の関係性について着目し，**ジェノグラム**を利用しています。ジェノグラムとは，家族関係を理解するために作成される図のことで（図9-1），少なくとも3世代以上の観点から家族の問題を断続的に理解するものです。

　吉村（2014）は，ジェノグラムを描くことにより，家族の関係や世代間で繰り返されるパターンが見え，問題を整理し，介入方針をた立てるにあたって有

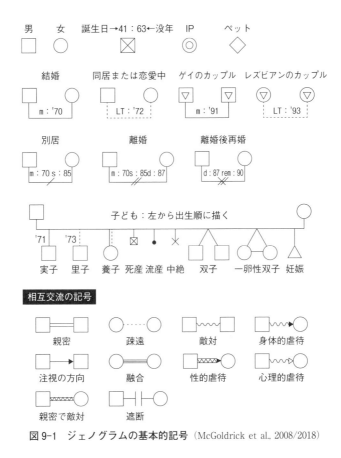

図9-1　ジェノグラムの基本的記号（McGoldrick et al., 2008/2018）

効であると述べています。ジェノグラムを作成するためのインタビュー自体が家族にとって話し合いのきっかけとなり，解釈の不一致や，思いの共有に至るところもあり，治療の効果があげられる場合もあるそうです。

　また，**自己分化**という概念が重要であると考えられています。自己分化とは，個人の中で「理性的機能・知性の機能」「情緒的機能・感情の機能」のバランスがとれて調和していることを示しています。自己分化度が高いと個人の個別性が確立され，バランスがとれ調和していると考えられます。自己分化度が低いと，過度に情緒的になり，他者との関係を重視するので，融合的関係になります。過度に理性的になると，個別性を重視し，疎遠な関係になるとされています。

　平木（2019）は，脆弱な子ども時代に受けた不当な扱いなどによる不正義の結果について，ボスゾルメニィ－ナージとクラスナー（Boszormenyi-Nagy & Krasner, 1986）理論の**破壊的権利付与**として説明をしています。このような子どもは他者に対して破壊的に振る舞ってよいかのような言動をとるようになります。いかにも冷淡で，他者の痛みを理解できず，思いやりや愛情がないように見える人が，実はそれ以上の痛みや苦しみを過去に経験していることが多いと述べています。多世代の視点をもつとき，現在の家族に深刻な問題や重篤な病理があるとみなして家族を問題視するのではなく，家族が多世代にわたるライフサイクルの途中で行き詰まっていることを共感的に理解し，その危機を乗り越える支援が必要です。

　家族療法の理論について，３つ紹介しました。家族療法にはまだ多くの理論がありますので，興味のある方は調べてみてください。自分のことを本当にわかっているのは，家族かもしれませんが，もし家族の関係で悩むことがあれば，今回学んだ理論を使って，家族を取り巻く自分の環境を整えてみるのもいいかもしれません。

　次に家族療法の実際について，事例を通して，学びます。ここで紹介している事例は一般的な家族の反応を分析し，再構成したもので，特定のモデルはありません。

3　家族療法の事例紹介（不登校）

　カウンセラー令子のところに，不登校で困っているので相談にのってほしいと連絡がありました。令子はさっそくその家族と面接をすることになりました。

家族
　　父親：会社員
　　母親：主婦
　　IP（和子）：小学校2年生
　　弟（三郎）：幼稚園年中

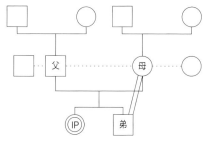

図9-2　初回面接後のジェノグラム

[1] 初回面接

　受付から案内されて面接室に家族が入ってきました。最初に弟を抱っこして母親が面接室をのぞき，母親が背中を押し和子が入り，母親，弟，最後に父親の順で入室しました。カウンセラーはその様子をマジックミラーで観察していました。

　（家族療法の面接室には，マジックミラーがついています。マジックミラーとは，面接室から見るとただの鏡に見えますが，マジックミラーの奥には部屋があり，反対側から面接室の様子を見ることができます。この部屋には内線の電話がついており，面接室のカウンセラーと連絡がとれるようになっています）

　カウンセラーも少し緊張しながら，面接室に入りました。

　まず，挨拶をして自己紹介をし，この部屋の説明をしました。マジックミラーの奥の部屋には主任のカウンセラーがおり，私たちの面接を観察していること，内線電話があるので，連絡はいつでもとれること，主任カウンセラーを見ることも可能であることを伝えました。

　その間，カウンセラーは家族の様子を観察していました。椅子は最初から4

つ置いてありました。一番奥に和子，次に母親，母親の膝に弟，1つ椅子があ
いて父親でした。説明について，うなずきはしますが，家族同士が目を見合わ
せることはありませんでした。

　　カウンセラー「まず　ご家族を紹介していただけますでしょうか」
　　母親「誰からがいいかしら，困っているのは和子ちゃんだから，和子ちゃん
からお話したら，ほら，名前言いなさい　小さい声ね　先生すいません　この
子が和子です。小学校2年です。この子が弟の三郎です。私が母親で，隣が父
親です」
☆すべての紹介を母親がしました。母親以外は誰も言葉を発しませんでした。
　　この家族のリーダーは母親であることがわかりました[1]。

　　カウンセラー「ご家族のご紹介ありがとうございました。では　お困りのこ
とをお教えいただけますでしょうか」
　　母親「和子ちゃんが学校に行かなくなって，3ヶ月が経過しました。最初の
頃，明日は行くからと言っていたので，行くのかと思っていましたが，行く様
子がみられなくて，担任の先生も心配して家庭訪問に来てくれています。先生
が持ってきた宿題を私と一緒に勉強します。勉強を嫌がることはありません。
明日は学校に行けるかなと話をするんですが，次の日の朝になると「行きたく
ない」と言い，登校をしぶるので，困っています。何が嫌なのかもよくわから
なくて，和子ちゃん先生にちゃんとお話ししてね」（弟が母親の首にしがみつき，
顔や耳を触っている。）
　　カウンセラー「和子さんが学校に行けなくて，3ヶ月が経過して心配してい
るということですね。お父様はこのことについてどのようにお考えですか」
　　母親「この人は，仕事が忙しくて，子どものことは全く関心がないんです
よ」
　　カウンセラー「そうですか　でもお父さんは　いかがですか」
　　父親「はい　母親からいろいろ聞いていますが」

_____

　1）☆印はカウンセラーの考え。

☆父親が話しているとき，和子さんは床に目を落としていた。父親は家族のこ
　とについて，関心がないのだろうか。いや関心があっても何も言えないのか
　もしれない。ここまでの様子で誰よりも母親の声が大きく，少し威圧的な感
　じがしました。

　　父親「私はどう子どもに関わったらいいのか，正直わからないところがあっ
　て，子どもと話せていないんです」
　　母親「ちょっと　情けない話を言わないで，いつも話しているでしょ」（弟が
　急に暴れだし，母親の膝から降りて，部屋の中を走りまわった。母親が追いか
　けていく，和子は，母親と弟の様子を見ている）
☆父親と母親が和子について，向き合おうとした瞬間，弟が暴れだした。せっ
　かく話すチャンスが奪われた感じがした。先ほどから観察をすると，母親が
　父親の方に顔を向けると，弟が首に巻き付いて，話させないようにしている
　ようにも見えました。家族関係が少し理解できたところで，宿題を出すこと
　にしました。

　　カウンセラー「今日は　初めての面接でしたが，いかがでしたでしょうか。
　では　自宅で行っていただきたい，宿題を出したいと思います。ご両親には二
　人で話す時間を毎日 10 分作ってください。会社での話でも，スーパーの特売
　の話でも，話題は自由です。ルールは相手が話しているときは，じっくり聞い
　てあげてください。和子さんへの宿題ですが，和子さんは弟さんと毎日 10 分
　でいいので，一緒に遊んであげてください。おもちゃや絵本などなんでも大丈
　夫です。三郎君は，お姉ちゃんといっぱい遊んでね　では　次回にその報告を
　してください」
☆この家族のリーダーは母親のように見えますが，本当は弟がすべてを動かし
　ているように思えました。母親が父親に話をしようとすると，弟がそれを遮
　っていました。家族の構造である世代間境界が曖昧になっていました。そこ
　で宿題で，夫婦サブシステム・子どもサブシステムを育てることにしました。
　両親が宿題を実行してくれることを願って初回面接は終了しました。

[2] 面接2回目

　受付を済ませ，面接室に入ってきました。最初に母親，父親，弟，和子の順でした。弟と和子は手をつないでいました。

☆母親が最初に入ってきましたが，これは父親に促されて入ってきたように見えました。弟は和子にくっついていました。

　カウンセラー「和子さんお元気ですか。毎日どのように過ごしていますか」と聞くと，恥ずかしそうにして，横の弟を見ました。

　弟「お姉ちゃんと毎日遊んでいるよ，仮面ライダーごっこしてる」

　母親「最近姉弟の仲がいいので，夕飯の準備が楽になりました。夕食後に夫と話をしています。話題がないことの方が多いですが，半分以上私が話していますが，夫は聞いてくれています」

　カウンセラー「お父さんはお話をするのは，どうですか」

　父親「ほとんど話すことがないので，妻の話を聞いています。妻は話題が多く，内容も面白いので，私を笑わせてくれます。きっといろいろ話題をつくってくれているんだと思います」

☆家族システムがうまく機能しているように感じました。以前のような母親の大きな声や，弟の騒ぎもみられなくなりました。

　母親「和子ちゃんの件ですが，焦らなくてもいいのではと思いました。最近は教科書を出して勉強する姿もあり，学校に行くのが嫌なら，ゆっくり家にいてもいいのかも」（父親の顔を見る。）

☆もともと父親は無口で，家でもほとんど話をしなかったのでしょう。そこで母親の関心は弟に向き，過剰なかかわりをしていました。弟も母親の期待に応えて，いつも母親にくっつき甘えていました。それを見ていた和子は，自分にも関心をもってほしいと感じたのかもしれません。

　両親は宿題をすることによって，今まで知ることができなかった，お互いを理解することにつながったのではないでしょうか。母親は無口で話さない父親を理解し，話さないなら笑わせてみようと思ったのかもしれません。父親は自分のために話してくれる母親に対して，ありがたいと思ったのかもし

れません。

その後，面接は続きましたが，和子は学校に行くようになり，友だちもでき
たと報告してくれました。弟と関わる中で，対人関係のスキルを学んだようで
した。和子はもともとおとなしいタイプなので，皆と騒ぐことができなかった
ようです。カウンセラーが「おとなしくていいと思う，実は私もおとなしいタ
イプだよ」と話したら，「ほんと」と不思議そうな顔をして，微笑んでいたのが，
印象的でした。

架空の事例ですが，皆さんはどのように読まれたでしょうか。ここで解説を
します。最初の面接時に面接室に家族が入ってきましたが，このときに重要な
ポイントがあります。家族の中で誰が主導権をもっているのかが，わかるとい
われています。ここでは，和子が最初に入ってきましたが，自分から入ってき
たのではなく，母親に押されて入ってきました。この家族は母親が主導権をも
っていると考えられます。母親にお願いをすれば，家族が動く可能性があると
いうことです。自己紹介でもその傾向がわかります。もう1つのポイントは，
弟の存在です。家族が話し合いを始めようとすると，弟が暴れて会話が途切れ
てしまうことです。きっと家の中でも起こっている現象だと感じました。

家族の関係がどのようになっているのか，よく観察をすると，どのような援
助が必要なのか見えてきます。大切なことは，家族システムを理解することで
す。私たちは自分の家族以外，他の家族を知らないことが多いです。いくら仲
が良い友だちで，家族と同じ付き合いをしていても，家族のシステムは見えに
くいものです。それぞれの家に独特の家族システムが存在します。これを理解
するには，時間がかかります。しかしその家族システムを理解できれば，解決
の糸口は見えてくるのではないでしょうか。さて，皆さんの家族で主導権をも
っているのは，誰でしょうか。家族はうまく機能しているのか，自分の家族を
観察してみるのもいいかもしれません。

コラム **9**　大人からの相談

　京都の亀岡という町では「かめおか子ども新聞」をつくっています。この新聞は「書くのが子ども，読むのが大人」の珍しい新聞です。中でも，大人の悩みを子どもが解決するコーナーが人気です。

　大人の悩みに，子どもが答える内容を紹介します。

大人の悩み
「小学校5年生の娘が，話をしてくれなくなりました」

子どもの解決方法
　うちもお父さんとは距離置いてる！　嫌いじゃないけどなんか嫌やねん，お父さんって。
　距離を置いてるのに近づいたらもっと嫌いになるかもよ！　距離を近づけたいならまずほっとく。そうすればどれだけパパがかけがえのない存在かわかるんちゃう？　きっとかまいすぎて逆にうっとうしくなってるんじゃないですか？　だいたい今時の親って関わりすぎでウザい。いつまでも昔に浸ってないで，子離れした方がいいかもよ！　もう，ほんとうにウザい。

　この解決方法を読んで，皆さんはどう思ったでしょうか。自分の小学5年生の頃を思い浮かべてみてください。子どもの方が，親離れしているのに，大人はまだ，小さい頃のイメージをもっているのかもしれません。家族の関係は微妙なバランスでできているかもしれません。この微妙な関係を子どもは保ちながら，親と接しているのかもしれませんね。

●**参考文献**
かめおか子ども新聞（著）（2019）．はい！こちら子ども記者相談デス！　新潮社

●引用文献

Ackerman, N. W. (1958). *The psychodynamics of family life.* New York: Norton.

Barker, P. (1986). *Basic family therapy* (2nd ed.). New York: Oxford University Press. (中村信一・信国恵子 (監訳) (1993). 家族療法の基礎　金剛出版)

Boszormenyi-Nagy, I., & Krasner, B. R. (1986). *Between give and take: A clinical guide to contextual therapy.* New York: Brunner/Mazel.

Bowen, M. (1978). *Family therapy in clinical practice.* New York: Jason Aronson.

Gordon, D. (1978). *Therapeutic metaphors.* Cupertino, CA: Meta Publications.

Haley, J. (1973). *Uncommon therapy: The psychiatric techniques of Milton H. Erickson.* New York: Norton.

平木典子 (2019). 家族理解に役立つ臨床理論　平木典子・中釜洋子・藤田博康・野末武義　家族の心理　第2版 (pp. 125-144) サイエンス社

かめおか子ども新聞 (2019). はい！こちら子ども記者相談室デス！　新潮社

Madanes, C. (1981). *Strategic family therapy.* San Francisco, CA: Jossey-Bass.

McGoldrick, M., Garson, R., & Petry, S. (2008). *Ganograms: Assessment and intervention* (3rd ed.). New York: Norton. (渋澤田鶴子 (監訳) (2018). ジェノグラム―家族のアセスメントと介入―　金剛出版)

Mitch, A. (1997). *Tuesdays with Morrie.* New York: Doubleday. (別宮貞徳 (訳) (2004). モリー先生との火曜日　日本放送出版協会)

中釜洋子 (2019). 変化する社会の中の家族　平木典子・中釜洋子・藤田博康・野末武義　家族の心理　第2版 (pp. 100-106)　サイエンス社

吉村真奈美 (2014). 家族療法　下山晴彦 (編)　誠信心理学辞典 (p. 381)　誠信書房

Wallace, A. F. C. (1966). *Religion: An anthropological view.* New York: Random House.

ワーク 9

　家族の関係についての相談について，以下の創作事例を読み，考えてみましょう。

> 　19歳の大学生です。私の父のことについて困っていて，相談したいのです。私は2人姉妹の末っ子です。両親にはとても甘えて育ってきたと思います。父が会社を辞めたいと言い出したのは，私が小学校の頃でした。朝母と喧嘩をしていたことを覚えています。父は母に布団をはがされても，布団にしがみつき，身動きしませんでした。そんな父を見て，大丈夫かなと心配しました。父が会社に行かない日は，私は小学校から急いで帰ってきました。しかし父は家にはいませんでした。どこに行ったのか，不安な気持ちになりました。
> 　その後，父は会社をやめて，資格を取るために勉強をしていました。試験があったようで，何度か挑戦し合格して，新しい仕事につきました。しかしその後も2年に1回ぐらい，会社に行きたくないと朝母と喧嘩になっていることがありました。父が会社を休むと，私は学校でも落ち着かず，勉強も身に入りません。友だちに「今日は元気がないみたいだけど，どうしたの」と聞かれたりするのですが，父が会社に行けないことは，恥ずかしくて言えないのです。そして今日，また父が会社に行きたくないと朝母と喧嘩になっていました。こんな朝は嫌だと思いました。父の会社に行きたくない気持ちも理解したいし，母のイライラする気持ちもわかるし，私は両親の力になりたいと思っているのですが，私にできることはあるでしょうか。

　この文章から，家族療法を使って相談にのるとしたら，どのようなポイントがあるのか，一緒に考えてみましょう。まず個人で考えた後，グループで意見を出し合ってみましょう。

■ 1. この文章でのIP（患者とみなされた人）は誰だと思いますか？

■ 2．この人が一番悩んでいることは，何だと思いますか。ポイントを参考にして，考えてみましょう。その理由についても考えてください。

（ポイント）
　①父親が会社に行けないこと
　②父親が会社に行かないと，朝母親と喧嘩になること
　③父親が会社に行けないと，小さい頃に感じていた不安に再び襲われるのではないか
　④友だちにも相談できないこと
　⑤自分にもできることがあるなら，教えてほしい

■ 3．問題が明確になったところで，家族療法のどの理論が，この問題の解決に役立つと思いますか。

■ 4．この人の悩みを解決するために，あなたが助言するとしたら，どんなことでしょうか。

［注］このワークには正解はありません。自分で考え，グループで討論することで，皆さんが家族のシステムについて，気づいてくださるといいと思っています。

　　もし，今あなたが家族のことで，少し面倒くさくなっていたり，不安になっていることがあれば，家族療法の考え方を取り入れてみてください。今まで見えていた家族がちょっと変わって見えるかもしれません。

事項索引

人名索引

【執筆者一覧】(五十音順，*は編者)

石川満佐育 (いしかわ・まさやす)
鎌倉女子大学児童学部准教授
担当：第2章，コラム2，コラム4

宇佐美尋子 (うさみ・ひろこ)
聖徳大学心理・福祉学部准教授
担当：第5章，コラム5

氏家靖浩 (うじいえ・やすひろ)
仙台大学体育学部教授
担当：第8章，コラム8

齋藤　有 (さいとう・ゆう)
聖徳大学教育学部児童学科准教授
担当：第1章，コラム1

相良順子 (さがら・じゅんこ)*
聖徳大学教育学部児童学科教授
担当：第6章，コラム6

沢崎真史 (さわざき・まふみ)
聖徳大学教育学部児童学科教授
担当：第4章

鈴木由美 (すずき・ゆみ)
聖徳大学非常勤講師
担当：第9章，コラム9

藤原あやの (ふじわら・あやの)
聖徳大学非常勤講師
担当：第3章，コラム3

山崎幸子 (やまざき・さちこ)
文京学院大学人間学部教授
担当：第7章，コラム7

家族心理学
生涯発達から家族を問う

2022 年 8 月 10 日　　初版第 1 刷発行　　定価はカヴァーに
　　　　　　　　　　　　　　　　　　　　表示してあります

　　　　　　　　編　者　相良順子
　　　　　　　　発行者　中西　良
　　　　　　　　発行所　株式会社ナカニシヤ出版
　　　　　　　☎606-8161　京都市左京区一乗寺木ノ本町 15 番地
　　　　　　　　　　　　　Telephone　075-723-0111
　　　　　　　　　　　　　Facsimile　075-723-0095
　　　　　　　　Website　http://www.nakanishiya.co.jp/
　　　　　　　　Email　　iihon-ippai@nakanishiya.co.jp
　　　　　　　　　　　　　郵便振替　01030-0-13128

装幀＝白沢　正／印刷・製本＝創栄図書印刷株式会社

Printed in Japan.

Copyright © 2022 by J. Sagara

ISBN978-4-7795-1656-6